선_한
창업가

선_한
창업가

왜 다섯 달란트일까?

김진수 지음

신율

추천의 글

나는 지난 26년간 사업을 운영하면서 인사 문제를 비롯해 수많은 딜레마에 부딪혔다. 정직하게 운영하면 수익이 나지 않을 것이라는 두려움 때문에 편법을 사용하기도 했다. 그러나 10년 전 김진수 장로님의 강연을 듣고 깊은 깨달음을 얻어 사업의 구조를 완전히 재편했다. 기존의 편법적인 요소를 배제하고, 법과 원칙에 맞는 시스템을 구축했다. 이 책에서도 언급된 정직의 손익분기점을 지나 회사를 더욱 성장시킬 수 있었다. 그 결과 전 세계 43개 지사를 가진 글로벌 회사로 성장했다. 창업을 준비하는 분들, 그리고 한계를 느끼는 사업가들에게 이 책을 추천한다. 정직한 경영이야말로 선한 영향력을 미치는 길이며, 이 책이 '선한 창업가'로 거듭나는 길잡이가 되어 줄 것이다.

권진주 대표 | Bada Global Pty. Ltd

스타트업Startup과 본글로벌Born Global 개념이 아직 일반화되기 전인 90년대 초반, 미국에서 IT 솔루션 벤처를 창업하여 글로벌 대기업 매각 후, 연이어 캐나다에서 농산물 사회적 기업을 창업해 지금껏 성장시켜온 저자는 평생 기업가의 삶을 살아왔다. 경험의 깊이와 너비, 그가 세운 기업들의 사회적 의미를 고려할 때, 그는 글로벌 스타트업 생태계 역사의 산증인이자 성공적인 연쇄 창업가이며 존경받는 사회적 기업가의 표본이다. 이 책에 담긴 그의 경험과 고백은 창업가로 태어난 이들에게 친절한 안내와 엄정한 조언을 제공할 것이며, 열매에 현혹되어 뿌리를 보지 못하는 이들에게 본질을 마주하는 각성의 경험을 선사할 것이다. 이 책을 통해 고단한 기업가의 삶을 자발적으로 선택하는 이들이 다섯 달란트를 남기는 기쁨, 달란트 주신 분께 기쁨을 드리는 감격, 그분께서 늘 사랑으로 바라보고 계실 낮은 자들에게 달려갈 새 힘을 얻게 되리라 의심치 않는다.

김문규 교수 | KAIST 경영대학 Impact MBA

이 책은 실제로 창업하고 회사를 경영하면서 쌓인 경험과 지혜를 함축한 경영서이다. 창업경영론과 경영자론 같은 과목의 교과서로도 손색이 없다. 왜냐하면 창업자의 자질, 회사경영의 기본, 기업가의 리더십 등 경영학적으로 중요한 내용을 다루고 있을뿐더러, 생생한 현장의 경험을 제시하고 있기 때문이다. 하지만 이 책의 가장 귀한 점은 크리스천이 사업을 할 때, 어떤 핵심가치를 가지고 해야 하는지를 확실하게 이야기하고 있다는 것이다. 그것도 추상적이고 관념적인 것이 아니라, 실천적이고 경험적인 말로 하기에 설득력이 있다. 특히 BAM Business as Mission이 주목받고 있는 이 시대에, 선교사의 창업에 대해 바른 방향을 제시했다는 점에서 이 책의 공헌은 크다.

박철 교수 | 고려대학교 융합경영학부

24살 창업을 고민하던 시기, 저자의 북 토크에 참석했다가 도전을 받고, 고민 없이 시작한 사업이 벌써 4년 차에 접어들었다. 저자가 언급한 '정직Integrity'은 나에게 숱한 크리스천들이 말하는 "좋은 사람"을 말하는 것이 아닌, 내 몫을 제대로 알고 모두에게 알릴 수 있는 용기, 선택의 갈림길에서 망설임 없는 떳떳함,

내 몫이 아니기에 아까워할 필요 없다는 것과 같이 저자가 온몸으로 체득한 소중한 통찰이었기에 창업 초창기는 물론이고, 지금도 여전히 소중한 길잡이가 되고 있다. 창업, 참 고달픈 길이다. 고단하기에 의미 있는 여정이 아닐까? 목사의 아들로서 교회라는 테두리에서 쉽게 얻을 수 없는 솔직함이 이 책의 곳곳에 숨 쉬고 있다. 고달픔을 즐길 줄 아는 DNA가 장착된 예비 창업가들에게, 그리고 매 순간 외로운 선택을 해야 하는 사업가들에게 이 책을 기쁜 마음으로 추천한다.

이예준 대표 | 서광학원

　김진수 장로님은 청바지가 잘 어울리는 남자다. 익숙함에 안주하지 않고 끊임없이 변화 청바지를 추구하기 때문이다. 청바지 창업, 콜라, 짜장면은 공통점이 있는데, 대세가 된 아이디어는 절대로 사라지지 않는다는 것이다. 장로님의 책 『선한 영향력』이 출간되었을 때, 저자를 초청해 교회에서 북 토크를 열었다. 그때 큰아들이 도전받고 창업을 했다. 벌써 4년 전 일이다. 이 책을 부모가 먼저 읽고, 자녀에게 두둑한 용돈과 함께 선물하면 좋겠다. 청년들이 읽고 내 아들처럼 숨겨진 달란트를 발견하여 새로운 시작을 할 수 있었으면 좋겠다. 이 책은 설교자와 회중 사이를 잇는 매우 특별한 책이다. 말씀을 듣고 삶의 자리에서 어떻게 적용했는지 생생하게 보여주고 있기 때문이다. 장로님의 창업에 대한 경험과 고백과 영성은 청바지, 콜라, 짜장면을 넘어서서 절대로 사라지지 않는 건강한 하나님 나라의 기업을 꿈꾸는 청년들과 사업가들에게 큰 도전이 될 것이다.

이재현 목사 | 충광교회, 『들리는 설교 유혹하는 예화』 저자

이 책은 단순한 창업 지침서가 아니다. 이 책은 열정, 정직, 소명을 가지고 일에 임하는 사람이라면 누구나 읽어야 할 필독서이다. 나는 "일하고 싶어서 아침이 빨리 오기를 기다린다."라고 말하는 김진수 장로님이 참 궁금했다. 그래서 장로님과의 첫 만남을 잊을 수 없는데 '일이 이렇게 사람을 기쁘게 할 수도 있구나'라는 걸 처음으로 깨달았기 때문이다. 이 책은 창업과 비즈니스의 본질을 기독교적 가치와 연결하여, 삶의 목적과 일의 의미에 대한 깊은 통찰을 준다. 그래서 창업을 고민하는 사람에게는 현실적인 나침반이 되고, 일과 삶을 더 깊이 고민하는 사람에게는 철학서가 된다. 이 책을 읽고 나면, 당신의 일과 삶을

바라보는 방식이 완전히 달라질 것이다. 기독교인이든 아니든, 창업가든 아니든, 자신의 일을 사랑하고 싶은 모든 이들에게 필독서다.

임백호 대표 | 서핑몬스터즈(주)

시작하는 글

나는 14년 동안 직장 생활을 했다. 9년 동안은 한국에서 가장 안전한 회사인 한국전력에서 일했다. 그리고 5년은 미국에서 가장 변화가 심한 스타트업 회사에서 일했다. 그리고 1인 기업 이미지솔루션스ISI, Image Solutions Inc를 창업해 18년간 경영하며 직원 500여 명의 글로벌 회사로 성장 후 대기업 CSCComputer Science Corporation에 전략적인 인수 과정을 통해 매각했다. 매각한 다음 해 캐나다 브리티시 컬럼비아주의 원주민First Nations 마을에 원주민을 위한 농산물 회사 긱섬GITXM, Gitx Mushroom Inc을 창업해 14년간 경영해 오고 있다. 그뿐만 아니라 친구가 설립한 바이오 회사의 대표로 1년간 회사를 경영하기도 했다. 이렇게 매번 전혀 다른 업종과 환경에서 일해왔다. 그리고 지금은 전혀 경험이 없는 목재업 분야의 창업을 시작했다. 그런데 이렇게 매번 다른 환경 속에서 일하며 한 가지 중요한 공통점을 찾을 수 있었다. 바로 창업가는 태어난다는 것이다.

두 번째 창업한 원주민 회사 긱섬은 원주민의 자립을 돕기 위해 창업했다. 그런데 가까운 이들이 내가 하는 일이 비즈니스 선교BAM, Business As Mission라며 다양한 곳에 소개해 주었다. 그래서 BAM 단체들이 개최하는 꽤 많은 창업 교육에 초청받았고 강사로 서기도 했다. 하지만 시간이 지나며 이 교육이 그리 효과적이지 않다는 생각이 들었다. 비즈니스 선교를 위한 창업 교육 프로그램의 수강생은 대부분 선교사였다. 그런데 교육을 수료한 선교사의 창업은 거의 실패로 돌아갔다. 그 원인을 고민했고 창업하지 말아야 할 이들이 창업했기 때문이라는 결론을 내렸다.

그래서 적어도 비즈니스 선교의 창업 교육에서의 내 역할은 창업하지 말아야 할 사람들이 창업하지 않게 하는 것이라는 생각에 이르렀다. 물론 더 중요한 것은 창업에 적합한 사람을 찾아 성공적인 창업을 하도록 길잡이가 되어 주는 것이다. 그렇지만 창업의 현실은 냉정하다. 비즈니스 선교가 아닌 일반 사회에서의 창업 성공률도 대단히 낮기에 창업에 맞지 않는 사람들의 실패가 불을 보듯 뻔한데 창업을 독려하며 교육하는 건 훨씬 더 큰 문제를 초래하게 된다.

이러한 문제점은 젊은 대학생들의 창업 과정에서도 유사했다. 그래서 한동대학교에서 해외 창업과 관련해서 겸임교수 제안이 왔을 때도 같은 기준을 세웠다. 창업에 어울리지 않는 학생들에게 창업을 독려하며 교육하는 것은 무책임한 일이라고 생각했기 때문이다. 당연히 창업에 걸맞는 학생들이 성공적인 창업을 할 수 있도록 돕는 것이 실패 확률을 줄이고 우리 모두에게 유익한 일이라고 생각했다. 이런 이유로 나는 창업가는 날 때부터 창업가의 기질을 타고난다고 생각하게 되었다. 이는 내 두 번의 창업 경험도 큰 역할을 했지만 내 주변의 여러 성공한 사업가와 경영학자와 대화하며 더 확실해졌다. 무엇보다 신약성경의 달란트 비유와 구약성경의 면제년 이야기를 읽고 묵상하고 적용하며 분명하게 정리할 수 있었다.

이 책은 신약의 달란트 비유와 구약의 면제년에 대한 묵상과 적용으로 시작한다. 이는 내가 생각하는 창업정신이기도 하다.

창업정신은 창업의 첫 출발이며 마지막이라고 할 수 있을 정도로 중요하다. 이어 이러한 창업정신에 따라 건강하고 선한 창업이 무엇인지 그리고 창업가는 어떠한 독특한 특성이 있는지 설명한다. 그래서 창업을 준비하는 이들이 자신이 창업에 적합한지 살펴볼 수 있게 해 보았다. 스스로 창업가에 적합하다고 판단한 이들을 위해 창업할 때 어떤 준비를 해야 하는지 설명했고, 수많은 이들이 사업에 실패하는 대표적인 이유에 관해서도 다루었다. 물론 이 모든 것은 기독교인의 창업정신을 기초로 한다.

그래서 이 책은 기독교인이 어떤 핵심가치를 갖고 사업을 해야 하는지에 대해서 조금 더 구체적이고 실질적인 이야기를 한다. 적어도 내 경험에 비추어 보면 우리가 매일 살아가며 부딪치는 세상 사람들은 더는 기독교인을 신뢰하지 않는다. 나는 기독교인이 말하는 것과 행동하는 것이 일치하지 않았기 때문이라고 생각한다. 어쩌면 교회에서 기독교인이 어떻게 돈을 벌고 사업을 해야 하는지에 대해 진지하고 솔직하게 이야기를 나누지 못했기 때문이라는 생각도 해 본다.

현실적으로 목회자는 비기독교인과 접하는 기회가 적다. 하지만 사업을 하거나 직장 생활을 하는 이들은 주일을 제외하고는 비기독교인들과 함께 일하며 살아가게 된다. 긍정적인 측면에서는 복음 전파의 기회가 많다는 것이다. 하지만 말과 행동이 다른 기독교인은 도리어 복음 전파에 방해가 된다. 물론 말과 행동이 일치하는 선한 사업가는 선한 영향력으로 자연스럽게 삶과 사업으로 복음을 전파한다.

그래서 우리 기독교인들은 어떠한 가치관을 갖고 사업을 해야 하는지가 정말 중요하다. 이 책의 상당한 부분은 기독교인 사업가가 어떤 핵심가치를 정립하고 사업을 해야 하는지를 설명한다. 그러한 가치로 사업을 하면 도덕적일 뿐 아니라 사업의 결과도 좋고, 복음 전파의 효과적인 기회가 된다는 것에 대해서 이야기한다.

여기에 더해 실제로 회사를 경영하며 발생하는 일에 대하여 핵심적인 부분을 소개한다. 특별히 지난 15년간 교회와 기독교 단체에서 경험하고 느꼈던 부분을 고려했다. 이를테면 고용과 해고의 문제, 어려움이 왔을 때의 대처법, 회계 관리, 소유권에 관한 것들이다.

마지막으로 선교사의 창업에 관해 꼭 하고 싶은 이야기를 정리해 보았다. 이는 지난 15년 동안 비즈니스 선교에 꽤 깊숙이

관여하며 정리한 것들이다. 특히 지금까지 해 온 방법으로는 실패를 막을 수 없다는 개인적인 결론에 이르렀기에 꼭 이야기하고 싶었던 내용이다.

이 책은 겉으로 보기에는 기독교인 기업인만을 위한 책이 아니라고 여길지도 모른다. 이 책에서 언급되는 내용은 회사를 바르게 경영하려는 모든 사람에게 적용될 수 있기 때문이다. 그러나 하나님 앞에서 바르게 살려고 하며 사업으로 세상을 바꾸려고 꿈꾸는 이들에게는 더 분명한 도움이 되리라고 생각한다. 마태복음의 다섯 달란트 받은 종이 다섯 달란트 남겨야 하는 것은, 돈을 많이 벌어서 세상에서 성공하는 것에 그치는 것이 아니기 때문이다. 이 책이 하나님의 통치가 이 세상에 정직한 사업을 통해 일어나는 일에 작은 도움이 되길 소망한다.

차례

창업 정신

✳

　18년간 경영했던 첫 번째 회사를 매각하고 인생 2막을 준비하던 2010년 7월이었다. 섬기던 교회에서 캐나다 원주민 마을로 단기 선교를 다녀오게 되었다. 대학생 3명과 고등학생 8명 그리고 고등부 담당 교역자와 나까지 13명의 작은 선교팀이었다. 캐나다 밴쿠버에서 다른 교회의 단기선교팀과 합류했고 3일간 교육을 받고 몇 곳의 원주민 마을로 흩어졌다. 우리 교회 선교팀은 밴쿠버에서 버스로 이틀을 달려가야 하는 기탄야우Gitanyow로 가게 되었다. 그때만 해도 2주간의 단기 선교지인 캐나다 원주민 마을이 내 인생 2막의 모든 삶을 쏟아붓게 될 곳이라고는 꿈도 꾸지 못했다.

　교육 시간과 이동 시간을 제외하고 기탄야우에서 6일을 머물렀다. 모두가 만족한 알차고 의미 있는 선교여행이었다. 문제는 내 마음의 소리였다. 어렵고 힘들게 살아왔던 강원도 삼척의 내 어린 시절과도 같은 원주민들의 삶, 자연산 송이버섯의 가격 폭락을 막아 달라는 원주민 추장의 부탁, 무엇보다 이성적이고 합리적인 신앙생활을 고수해 왔던 내 마음속에서 일어나는 엄청난 부담감이 내 머릿속을 복잡하게 했다. 변명 거리를 찾았다. 기탄야우는 캐나다 밴쿠버에서 차로 꼬박 이틀이 걸리는 거리고 미국 뉴저지에서 비행기로 14시간 거리였다. 우리 집에서 차로 몇 시간만 가도 캐나다 국경이 있고 거기도 원주민 마을이 있었다. 그래서 변명을 담은 기도를 했다.

"하나님, 제가 왜 이 마을로 들어가야 하나요? 저희 집에서 가까운 미국 동부에도 원주민 마을이 있으니 그들을 도와주어도 되지 않나요?"

놀랍게도 하나님의 음성이 내 마음속에 들렸다.

"그럼 이 동네 사람들은 누가 돌보니?"

그리고 구약성경 에스더서의 말씀이 떠올랐다.

"네가 왕후의 자리를 얻은 것이 이 때를 위함이 아닌지 누가 알겠느냐?"(에스더 4:14)

이 말씀은 곧바로 나에게 적용이 되었고 내 마음에 들어왔다.

"내가 너를 성공하게 한 것은 이 백성을 위함이란다."

평생 처음 경험하는 신앙의 체험이었고 강력한 하나님의 도전이었다. 하나님의 도전에 평생 마음에 담아두었던 내 어린 시절과 가족의 아픔이 지나갔다. 큰형은 알코올 중독자였고 안타깝게 세상을 떠났다. 둘째 형은 군대 복무 중 자살했다. 셋째 누나는 초등학교도 나오지 못했다. 알코올중독, 자살, 저학력이 캐나다 원주민 마을의 가장 큰 문제였다. 그러니 누구보다 이들의 아픔을 잘 이해할 수 있었다. 게다가 나는 창업을 해 기업을 이끈 사업가였다. 이들에게 가장 필요한 것은 무엇보다 자립인데, 좋은 사업 모델은 이들이 자립하는 데 큰 도움을 줄 수 있었다. 타지에서 혼자 사업을 시작해 본 경험이 있는 창업가, 누군가의 도움을 받지 않아도 될 만큼의 사업 자금, 그리고 하나님이 주신 캐나다 원주민을 향한 강력한 도전은 내 삶을 완전히 뒤흔들어 놓았다. 결국 나는 하나님 앞에 이렇게 고백할 수밖에 없었다.

> "하나님, 그 사람이 바로 '저'입니다. 지금까지 하나님께서 저를 은혜로 이곳까지 인도하셨습니다. 그 모든 은혜가 바로 이 일을 하기 위해 섭리하신 것입니다. 하나님, 저를 보내 주소서."

다섯 달란트와 면제년

2010년부터 지금까지 내 삶의 대부분을 캐나다 원주민 마을에서 창업한 '긱섬'에서 보내고 있다. 이제 긱섬은 사업적으로 꽤 안정적인 궤도에 올라섰다. 원주민들의 신뢰를 얻어 나는 몇 년 전에는 정식으로 원주민 부족원이 되었다. 원주민들과 함께 긱섬은 성장해 나가고 있다. 나를 대신할 매니저가 열심히 일하고 있기도 하다. 그리고 나는 캐나다 마을에서 다음 사업을 준비해 실행에 옮기고 있다. 이렇게 긱섬이 자리 잡기까지 나는 정말 열심히 일했다. 처음에는 캐나다 오지 마을에 땅을 사고 집을 짓고 낯선 원주민들 사이에서 대부분의 시간을 혼자 일했다. 어두운 새벽에 눈을 뜨면 일어나 일했고, 밥 먹는 시간도 아껴가며 일했다. 거의 매일 밤늦게까지 일했고 고된 노동에 머리를 대면 바로 잠이 들었다. 그러면서 깨달은 것이 있었다.

다섯 달란트

첫 번째 회사를 창업해 경영할 때는 나를 위해서 일했다. 물론 신앙인으로 정직하고 바르게 경영하기 위해서 최선을 다했다. 그리고 나만 잘 먹고 잘살겠다는 생각보다 나누고 돕는 일에도 꽤 신경 썼다. 하지만 캐나다 원주민 마을에서 창업하고 회사를 꾸려가는 것은 전혀 다른 일이었다. 심지어 하나님의 강력한 부르심에 순종한 것이기에 이전과 같을 수 없었다.

원주민들과 지내며 하나님 앞에서 얼마나 많이 나를 쳐 복종시켜야 했는지 말로 다 할 수 없었다. 날씨와 기후가 결정적인 역할을 하는 사업이라 내가 아무리 열심히 노력하고 헌신해도 어찌할 수 없는 순간이 수도 없이 많았다. 쉽게 절망하고 포기하고 낙담하는 원주민들을 보며 내가 원주민 마을에 와서 이렇게 하는 것이 정말 도움이 되는지 고민하지 않을 수 없었다. 하지만 돌아보면 나를 도전하신 하나님은 참으로 신실하신 분이셨다. 원주민들에게도 나에게도 지난 시간은 더없이 소중한 시간이었던 것이 분명하기 때문이다.

그렇게 원주민 마을에서 일하며 한 가지 깨닫게 된 것이 있었다. 다름 아닌 우리가 잘 아는 신약성경 마태복음 25장에 나오는 달란트 비유이다. 이 말씀이 나에게 특별하게 다가온 것은 바로 이 구절 때문이었다.

"다섯 달란트 받은 자는 바로 가서 그것으로 장사하여 또 다섯 달란트를 남기고 두 달란트 받은 자도 그같이 하여 또 두 달란트를 남겼으되 한 달란트 받은 자는 가서 땅을 파고 그 주인의 돈을 감추어 두었더니"(마태복음 25:16-18)

다섯 달란트 받은 사람은 "그것으로 장사하여" 다섯 달란트를 남겼다. 두 달란트 받은 사람도 마찬가지였다. 그런데 한 달란트 받은 사람은 땅을 파고 감추어 두었다. 달란트를 남긴 사람들은 '장사해서' 남겼다. '사업'을 한 것이다! 이렇게 생각하니 달란트 비유가 사업의 이야기로 읽혔다. 물론 신학적으로는 그렇게 볼 수 없다고 할 수 있지만 캐나다 원주민 마을에서 하나님 앞에서 일하고 묵상하며 적용해 본 것이라고 하면 이해의 폭이 넓어지지 않을까?

면제년과 궁핍한 형제

달란트 비유를 사업의 측면에서 적용하니 "악하고 게으른 종"도 조금 다른 측면에서 적용 되었다. 왜 마태복음은 한 달란트 받은 사람의 행동을 '악하고 게으르다'고 평가했을까? 게을러서 장사하지 않고 땅에 묻어두었다고 할 수 있지만 손해 본 것도 아닌데 왜 '악하다'고 한 것일까? 처음부터 어떻게 해야 한다고 말한 것도 아니다. 돈만 주고 아무 말도 없이 떠났다가 돌아와서 돈을 남기지 않았다며 '악한 종'이라고 평가한다. 이는 요즘 말로 주인의 일방적 "갑질"이라고 생각할 수도 있지 않을까? 이 말씀을 묵상하며 신명기 15장의 면제년이 떠올랐고 함께 묵상하게 되었다.

"삼가 너는 마음에 악한 생각을 품지 말라 곧 이르기를 일곱째

해 면제년이 가까이 왔다 하고 네 궁핍한 형제를 악한 눈으로 바라보며 아무것도 주지 아니하면 그가 너를 여호와께 호소하리니 그것이 네게 죄가 되리라"(신명기 15:9)

신명기는 7년마다 면제년이 돌아오면 빚을 면제해 주어야 한다고 명령한다. 그러니 면제년이 다가오면 빚을 돌려받을 확률이 줄어들게 된다. 당연히 궁핍한 이들에게 돈을 빌려주는 것을 꺼리게 된다. 사업가의 입장에서는 이것은 리스크를 관리하는 것이니 나쁘다고만 할 수 없다. 하지만 신명기는 이것을 '죄'라고 단정하고 있다. 하나님은 면제년이 다가온다고 궁핍한 이들을 돌아보지 않는 것에 대해 단호히 죄라고 말씀하신다.

내가 생각하는 '악'과 신명기와 마태복음의 '악'의 정의는 달랐다. 나는 남에게 해를 끼치지만 않으면 죄를 짓는 게 아니라고 생각했다. 악한 것이 아니라고 생각했다. 하지만 하나님은 내가 해야 할 일을 하지 않는 것도 '죄'이고 '악한 것'이라고 말씀하셨다.

청염 정신

창조의 낭비

그렇다면 내가 해야 할 일은 무엇일까? 내 소명은 무엇일까? 왜 하나님은 우리 각자를 이리도 다른 모습과 성품으로 세상에 보내신 것일까? 이 세상에서 남들보다 행복하게 살다 천국 가는 게 하나님이 나를 세상에 보낸 이유이고 목적이라고 할 수 있을까? 달란트 비유처럼 하나님은 나에게 일정한 달란트를 주시며 그 달란트에 맞는 특별한 사명을 감당하라고 하신 것 아닐까?

우리에게는 남들에게 없는 독특한 재능인 달란트가 있다. 나만이 할 수 있는 나에게 가장 어울리는 재능인 달란트가 있다. 하나님이 우리 각자에게 달란트를 주신 것이다. 그 달란트에 맞도록 최선을 다하여 열매를 맺어야 하는데 땅에 묻어 둔 채로 있다면 하나님이 나를 창조하신 목적에 반하는 것이다. 이것은 창조의 낭비가 된다. 창조의 낭비는 하나님의 관점에서 게으른 것만이 아니고 악한 것이다.

누가 더 악할까?

만약 한 달란트 받은 사람도 다른 이들처럼 장사했는데 한 달란트도 남기지 못했고, 다섯 달란트 받은 사람도 장사했는데 다섯 달란트가 아니라 한 달란트만 남겼다면 이때는 누가 더 악한 것일까? 물론 성경이 이 가정을 염두에 두고 이 말씀을 기록하지는 않았겠지만 사업가로서 고민해 보았다.

한 달란트 받은 사람이 한 달란트마저 잃어버린 것은 목표에서 두 달란트 차이가 난다. 그런데 다섯 달란트 받은 사람이 한 달란트를 남겼다면 최종 여섯 달란트를 갖고 있으니 한 달란트 받은 사람보다는 여전히 괜찮은 것일까? 사업의 관점에서는 그렇지 않다. 다섯 달란트 받은 사람의 목표는 열 달란트이니 여섯 달란트 남긴 것은 목표에서 네 달란트 부족한 것이라고 봐야 한다.

회사에서 큰 매출을 차지하는 아이템도 있고 작은 매출을 차지하는 아이템도 있다. 작은 매출의 아이템은 손해가 나도 회사에 큰 타격을 주지 않는다. 하지만 큰 매출의 아이템에 문제가 생기면 회사 전체에 심각한 타격을 준다. 이러한 관점에서 만약 회사라면 더 큰 타격을 주는 것은 다섯 달란트를 받아서 한 달란트만 남긴 사람이다.

새로운 관점

우리는 각자 다른 달란트를 갖고 이 세상에 태어났다. 달란트의 비유로 적용하면 한 달란트를 갖고 태어난 사람도 있고, 두 달란트 갖고 태어난 사람도 있고, 다섯 달란트 갖고 태어난 사람도 있다. 이렇게 말하면 다섯 달란트 받은 사람이 제일 좋은 사람인 것이냐고 묻는 이들이 있다. 절대로 그렇지 않다. 하나님이 주신 다양한 재능인 달란트를 어느 한 기준에만 적용해 단순화시킬 수 없기 때문이다. 나는 목회자로서의 달란트는 없다. 예술가로서의 달란트도 없다. 운동선수로서의 달란트도 없다. 하지만 사업가로서의 달란트는 있다. 그래서 사업가로서 다섯 달란트 받은 사람이라고 적용했다. 다섯 달란트 받아서 열심히 최선을 다해 다섯 달란트를 남기기 위해 노력하는 데 그치지 않고, 신명기에 나오는 면제년의 경고처럼 궁핍한 형제를 돌아보아야 한다고도 적용했다.

사업가로서 달란트 비유를 적용한 나에게 한 달란트 받은 사람은 자기 자신만 잘 건사해도 자기 역할을 다 한 것처럼 보였다. 마찬가지로 두 달란트를 받은 사람은 자기 자신과 가족만 잘 건사해도 그 역할을 다 한 것이다. 그러나 다섯 달란트 받은 사람은 가족이 아닌 이웃들도 함께 잘 살아갈 수 있게 해주어야 한다고 생각했다. 만약 그렇지 않으면 악하고 게으른 사람이 되는 것이기 때문이다.

첫 번째 회사를 창업했을 때 나는 특별한 사람이라고만 생각했다. 하지만 캐나다 원주민 마을에서 일하고 묵상하며 돌아보니 나는 하나님께 다섯 달란트를 받은 사람이고 나와 내 가족만을 위해서 살면 안 된다는 적용을 하게 되었다.

살면서 나처럼 일하기를 좋아하고 새로운 일에 도전하는 사람을 별로 보지 못했는데, 이런 성격이 어떤 시점에 갑자기 생긴 것이 아니라 타고난 것이란 것을 발견했기 때문이다. 나는 어떤 직장에서 일하면서도 단 한번도 퇴근 시간이 기다려지지 않았다. 언제나 주어진 일을 잘 해내는 것이 즐거웠다. 나이 칠십이 다 되어가는 지금도 하루 평균 12시간 일한다. 일하고 싶어서 아침이 빨리 오기를 기다린다. 이것은 하나님이 내게 주신 다섯 달란트가 아니고 무엇이겠는가? 내가 다섯 달란트 받은 자라면 창조의 낭비가 되지 않게 살아내야 한다.

태어날 때부터 받은 성품

그러면 하나님은 왜 나에게 다섯 달란트를 주셨을까? 그 답은 신명기의 면제년에서 찾았다. 바로 나 자신과 가족들의 행복만이 아닌 나와 상관없는 낯선 이들과 함께 살아가며 궁핍한 형제들이 버림받지 않게 하기 위해서다. 그것이 내가 안락하고 편안한 집을 떠나 캐나다 원주민 마을에서 수고하고 애쓰며 살아가는 이유다.

2024년 가을 송이버섯 시즌에 손가락 하나가 절단되는 사고를 당했다. 손가락이 잘렸는데 가장 먼저 든 생각이 혼자 운전해 응급실에 가는 방법이었다. 나는 매니저와 함께 일하고 있다. 그러니 매니저가 응급실로 데려다주면 된다. 그런데 이런 생각을 한 것은 나와 매니저가 없으면 송이버섯을 살 사람이 없다는 염려 때문이었다. 바로 그 순간 원주민 자매가 송이버섯을 팔기 위해 왔다. 송이버섯 시즌 통틀어 그 자매가 송이버섯을 제일 적게 가지고 왔다. 그런데 그 자매가 나를 응급실에 데려다주었다.

다섯 달란트 받은 자로서 살아가기 위해서는 포기해야 할 일도 많고 희생해야 할 일도 많다. 남들이 겉으로 보는 것과 다르게 말 못 할 힘들고 어려운 일이 산더미처럼 많다. 괜한 오해를 받기도 하고 억울한 누명을 쓰기도 한다. 왜 더 많이 도와주지 않느냐며 욕을 먹기도 한다. 하지만 하나님은 손가락이 잘려서도 송이버섯 시즌을 걱정하는 내게 천사 같은 원주민 자매를 보내 주어 맘 편히 병원에 갈 수 있게 해 주셨다. 그러니 힘들고 어려울 때도 이렇게 살뜰히 살피시는 하나님의 은혜로 감사하며 기쁘게 살아갈 수 있다.

창업 이야기를 하면서 다섯 달란트 받은 사람과 면제년 이야기를 먼저 한 것은 우리가 그리스도인이기 때문이다. 돈의 노예가 되어버린 세상에서 하나님 나라의 백성으로 창업을 하고 기업을 경영한다는 것의 의미를 제대로 이해해야 세상에 전복되지 않고 하나님 나라를 증명하며 살아낼 수 있기 때문이다.

이 책을 읽으며 스스로 다섯 달란트 받은 사람이라고 인식하는 독자분도 있을 것이고, 내 주위에 저 사람이 다섯 달란트 받은 사람이라고 떠올리는 독자분도 있을 것이다. 분명히 우리 주변에는 창업해 사업을 해야 하는 다섯 달란트를 받은 사람들이 있다. 그런 사람은 자신과 가족들만 잘 먹고 잘살려고 하면 안 된다. 다른 사람을 먹여 살려야 한다. 특히 궁핍한 형제들을 외면하면 안 된다. 만약 내가 일하는 것이 재미있고 일을 해도 피곤함도 별로 느끼지 못한다면 하나님께 다섯 달란트를 받았을 가능성이 크다. 이러한 사람이 창업해야 한다. 반면 매일 퇴근 시간이 기다려지는 (사업가의 측면에서)한 달란트 받은 사람도 있다. 그런 사람은 다른 사람을 먹여 살릴 수 없다. 당연히 창업에 적합하지 않다.

실패한 창업가

나는 창업을 두 번 했다. 첫 번째는 제약사가 식약청에 신약 신청을 하는데 필요한 문서를 편집하고 관리해 주는 솔루션 서비스를 제공하는 회사였다. 두 번째 창업은 캐나다 원주민이 채집한 자연산 고사리, 송이버섯, 차가버섯을 매입해 상품화해 판매하는 회사다. 그리고 현재는 목재업을 위해 캐나다 현지에 제재소를 세우고 준비하고 있다. 그런데 이렇게 창업은 개척정신과 도전정신이 가장 중요하다고 여기는 내가 좀처럼 이해할 수 없는 현상이 있다.

2000년도 전후였던 것 같다. 한국의 대학에 창업 붐이 일었을 때의 일이다. 대학에서 교수로 재직 중인 친구가 나에게 이런 말을 했다. 이 말을 듣는 순간 무언가 잘못되어 가고 있다고 생각했다.

> "이곳에 창업하는 사람들을 위한 눈먼 돈 많이 있다. 비즈니스 플랜만 좋으면 정부로부터 지원금을 받을 수 있다. 그리고 실패해도 책임지지 않아도 된다."

예감은 크게 틀리지 않았다. 그 당시 창업한 많은 회사가 실패했다. 하지만 지금도 크게 달라진 것 같지 않다. 학교나 정부와 같은 곳에서 다소 무책임하게 창업을 종용하는 것처럼 보인다. 물론 최선을 다해 창업하는 이들을 돕는 분들의 수고를 무시하려는 것은 아니다. 다만 실패할 게 뻔히 보이는데 창업을 종용하는 무책임한 풍토가 안타까울 뿐이다. 만약 내 돈을 창업자금으로 투자한다면 이렇게 많은 이들이 대책 없이 창업할 리 없다. 소위 눈먼 돈이라 불리는 지원금 때문에 이런 무책임하고 다소 선정적인 창업 붐이 이어지는 것 아닌가 싶다.

창업가는 자신의 사업성이나 시장성을 충분히 검증해야 한다. 그런 의미에서 지원금을 받는 것이 창업의 첫걸음이라 여기는 풍토는 대단히 문제가 많다. 이런 무책임한 지원은 시장에서 경쟁력이 없는 기업이 존속할 수 있게 해 산업 전체의 효율성을 저하할 위험이 있다.

이뿐 아니라 지난 15년간 선교사들에 의해 창업된 사업 대부분이 실패하는 것도 목격했다. 이렇게 실패하는 가장 큰 이유가 바르지 않은 창업 동기로부터 시작되었기 때문이라고 생각한다. 그래서 실패한 창업자의 동기를 복기해 보는 것은 가장 좋은 창업 준비의 첫걸음이 될 수 있다. 내가 생각하는 실패한 창업가의 동기는 다음과 같다.

- 다른 길이 없어서 창업한다.
- 청년은 취업이 어려워 창업을 한다.
- 선교사는 후원금이 줄어들어 창업한다.
- 아이디어만으로 창업해 빨리 부자가 되려 한다.
- 다른 숨은 의도가 있는데 그 숨은 의도를 실현하기 위해 사업을 이용한다.
- 실패해도 별로 손해 볼 일 없어서 창업한다.

지원금을 받는 것 자체가 나쁘다고 말하는 것은 아니다. 다만 남의 돈으로 내 돈을 벌려고 하는 동기가 문제라는 것이다. 돈을 벌고 싶어 창업한다면 첫 단추부터 제대로 끼워야 한다. 남의 돈으로는 내 돈을 벌기 전에 다른 사람의 돈부터 벌어주어야 하는 것 아닌가. 그런 다음에도 내 돈으로 내 돈을 벌려고 해야 한다.

지금 돌아보면 30대 중반에 첫 번째 창업을 준비하며 다른 사람을 먹여 살리기 위해 창업했다고 말하지는 못할 것 같다. 그냥 막연히 무언가 뜻있는 삶을 살아가고 싶다는 생각 정도 했던 것 같다. 그러나 캐나다 원주민을 위해 창업했을 때는 막연하지 않고 확실했다. 다른 사람을 먹여 살리기 위해 창업을 했다. 창업의 달란트를 타고 난 사람은 한 번 이상 창업할 가능성이 크다. 당연히 창업의 이유도 다를 것이다.

두 가지 오해

돌아보면 나도 창업과 창업가에 대한 오해가 있었다. 첫 번째 회사를 창업하고 명함에 연구개발 부사장V.P of R&D이라고 적었다. '사장' 또는 '대표'란 타이틀이 부담스러웠기 때문이다. 학창

시절 반장 한 번 못 해봤던 나는 사장은 카리스마적인 리더십을 가진 사람이어야 된다고 생각했다. 그래서 스스로 창업가로서의 리더십이 부족하다고 여겼던 것 같다.

보편적으로 예비 창업가들이 창업에 꼭 필요한 것이 무엇인지 리스트를 정리하면, 내가 오해했던 것과 크게 다르지 않을 것이다. 대략 이런 것들이지 않을까 싶다.

1) 자본력(투자금)
2) 경영지식
3) 리더십
4) 비즈니스 플랜

서른다섯에 창업할 때의 나는 이 같은 조건이 제대로 갖추어져 있지 않았다. 직장 생활하며 저축한 돈과 친척에게 빌린 돈으로 사업을 시작했다. 경영에 대한 지식도 없었다. 회사 직원이 100명이 되었을 때 경영학 공부를 제대로 시작했기 때문이다. 성격도 내성적이어서 다른 사람에게 싫은 소리 한 번 제대로 못했다. 사업을 시작할 때 정밀한 비즈니스 플랜도 없었다. 투자를 받지 않고 회사를 시작하였기에 자세한 비즈니스 플랜이 필요 없기도 했다. 이와 같은 것을 고려한다면 나는 일반적으로 생각하는 창업 조건을 전혀 갖추고 있지 않았다.

창업에 대한 또 다른 오해가 있는데, 창업하면 직장 생활할 때보다 편하게 지낼 수 있다는 기대다. 실제로 편하게 지내고 싶어서 창업한다고 하는 이들을 자주 만나게 된다. 하지만 창업을 하는 순간 편한 생활은 완벽히 포기해야 한다. 물론 안정 궤도에 들어가면 창업 초기보다는 좀 더 많은 시간이 있지만 그래도 편하게 지낼 수 없다. 사업의 처음부터 끝까지 정말 많은 것을 생각하고 처리하고 준비해야 하기 때문이다. 드라마나 영화에서 나오는 성공한 부자의 여유롭고 한가한 삶, CF에서 보여주는 더없이 행복하고 부족함 없는 기업가의 삶은 그런 삶을 살아가는 이들이 거의 없기에 판타지를 자극할 뿐이다.

창업가는 태어나는가?

✳

　나는 회사를 시작한 지 16년이 지난 2008년 '언스트앤영 Ernst&Young'에서 주는 기업인 상Entrepreneur of the Year Award 을 수상했다. 이 상은 큰 회사를 경영한 성공한 기업인에게 주는 것이 아니고 무에서 유를 창조한 사업가에게 주는 상이다. 상을 받은 다음 해는 수상자를 선택하는 선정위원이 되기도 했다. 이 과정에서 나는 수상자의 상당수가 외국에서 미국으로 온 이민 1세였다는 것을 알게 되었다. 수상자 대부분은 낯선 땅에서 빈손으로 자신의 꿈을 이루기 위해 모든 것은 내던진 사람이었다. 무에서 유를 창조한 것이다. 창업은 무에서 유를 창조하는 일이다.

　나는 창업을 설명할 때 사칙 연산의 곱셈에 비유하곤 한다. 덧셈이나 뺄셈과 달리 곱셈은 엄청난 결과를 가져오기 때문이다.

물론 곱셈에는 큰 리스크가 있는데, 아무리 많은 것을 가지고 있어도 영을 곱하면 영이 된다는 것이다. 창업은 큰 위험을 동반한다. 창업은 성공을 보장하지 않는다. 그동안 쌓아온 모든 것을 잃어버릴 수도 있다. 반면에 큰 이익을 얻을 수도 있다. 수많은 사람이 먹고살 일자리를 창출할 수도 있다. 그러므로 안정만을 도모하는 사람은 창업에 어울리지 않고 해서도 안 된다. 그래서 창업은 곱셈이다.

창업해 생존하는 비율이 얼마나 될까? 일반 기업의 경우 1년 후 생존 비율은 80%이고, 2년 후 생존 비율은 70%, 5년 후 생존 비율은 50%, 그리고 10년 후 생존 비율은 30% 정도이다. 즉, 창업한 지 10년이 지나면 10명 중 7명은 생존하지 못한다는 결론이다. 그러면 첨단 기술 사업은 어떨까? 첨단 기술 사업의 1년 후 생존 비율은 90%지만 10년까지 생존하는 비율은 10%다. 초기에는 투자금으로 버틸 수 있지만 시간이 지날수록 경쟁이 치열해져 10년이 지나면 일반적인 창업보다 생존율이 낮아진다.

기본값

창업이 곱셈이라면 기본값이 있어야 기본값에 무언가를 곱할 수 있다. 기본값이 '1' 이하면 아무리 큰 수를 곱해도 1보다 작다. 그러므로 창업을 원한다면 1 이상의 기본값이 필요하다. 나의 첫 번째 창업은 컴퓨터 소프트웨어 회사였고, 그때의 기본값은 기술력이었다. 내 기술에 대한 자신감이 있었다. 사업에 실패해도 취업할 자신감이 있었다. 이 자신감이 내 창업의 기본값이었다. 두 번째 창업은 캐나다 원주민을 위한 농산물 판매 회사였다. 이 회사는 야생하는 자연산 송이버섯을 매입해 상품화한 후 판매하는 회사다. 사업을 처음 시작할 때 나는 이에 대한 전문성이 전혀 없었다. 하지만 내가 갖고 있던 기본값은 자본과 창업의 경험이었다. 물론 사업 초기에는 실수와 실패도 있었지 4년이 지나면서 흑자로 돌아섰다. 만약 창업을 고려한다면 내가 곱셈에서 사용할 기본값이 무엇인지 잘 따져봐야 한다. 만약 기본값이 없다면 확실한 기본값을 마련 후 시작해야 한다.

다섯 달란트 받은 자의 소명으로 창업을 했다면 나만 잘 먹고 잘살려고 하면 안 된다. 면제년이 다가와도 궁핍한 형제들을 마음에 품을 수 있어야 한다. 그런 의미에서 생산과 소비와 고용의 선순환을 일으켜 경제 성장에 이바지해야 한다. 창업 후 기업이 성장하면 자선단체를 설립해 사회에 환원하는 일도 할 수 있다. 첫 번째 회사를 매각한 후 나는 자선단체인 Grace Charity Foundation을 설립했고 이 단체를 통해 선교와 교육을 지원하고 있다. 만약 내가 창업하지 않았다면 이 단체는 세상에 존재하지 못했을 것이다.

창업가는 태어난다

캐나다 원주민 마을의 봄과 여름에는 일조량이 많고 비도 적당히 내려 나무가 빠르고 곧게 자란다. 그리고 추운 겨울이 5개월간 이어지며 나무는 단단해진다. 자연이 선물한 최상품의 목재가 만들어진다. 긱섬을 처음 창업하고 사업의 안정화를 위해 노력할 때만 해도 하늘을 뚫을 듯 곧게 뻗은 나무는 자연산 차가버섯, 송이버섯, 고사리를 내어주는 숲의 일부로만 인식되었다. 하지만 사업이 안정화되고 캐나다 원주민들과 신뢰를 쌓게 되고 지역의 다양한 이들과 소통하며 나무가 목재로 보이기 시작한 것이다.

이렇게 생각되니 캐나다 원주민 마을에서 항구까지 차로 2시간 정도 밖에 떨어져 있지 않아 외국으로 목재를 수출할 수 있는 여건도 갖추어져 있었다. 더 중요한 것은 이곳 캐나다 정부는 원주민들에게 나무를 자를 수 있는 산림 채벌권山林採伐權을 허가해 주었는데 제대로 활용하지 못하고 있었다. 그동안 맺어온 원주민들과의 관계를 통해 충분한 노동력을 확보할 수 있고, 최상의 원재료를 얻을 수 있고, 수출할 수 있는 여건도 갖추어져 있었다. 이러한 사실은 천상 사업가인 나에게는 새로운 사업을 시작할 수 있는 동기가 되었다.

직감으로 시작한 제재소

직감은 사업가에게는 대단히 중요하다. 특히 새로운 사업을 시작하기 전에는 무엇보다 직감이 중요하다. 직감은 경험에서 오기 때문이다. 긱섬을 경영하며 매입한 6만 평의 땅이 있었고, 그 땅에는 다양한 종류의 나무가 있었다. 그 나무 중에는 소나무, 전나무 등의 건축용 목재와 향나무, 자작나무 등의 가구용 목재가 충분했다. 나는 이 나무로 경험을 쌓기로 했다. 개인적으로 목재업의 경험이 없었기에 유튜브와 같은 인터넷 동영상의 도움을 받았다. 사업의 가능성은 발견했지만, 목재업에 관한 경험과 지식이 없었기 때문이었다.

처음부터 큰 비용을 투자하지 않았다. 이미 구매한 도구를 활용했고 알래스칸 쏘밀전동톱을 이용한 제재기과 같은 최소한의 장비를 구매해 여러가지 제재소를 만들어 목재를 생산했다. 그리고 생산한 목재로 작은 가구를 만들어 보았다. 이 과정에서 목재를 건조할 때 발생하는 뒤틀림의 문제와 쪼개짐과 같은 문제들을 발견했다. 긱섭의 사업 시즌을 마치고 미국 뉴저지의 집으로 돌아와서도 열심히 가구를 만들었다. 가구를 만들어 지인에게 팔기도 했다. 그렇게 2년여를 보내니 사업에 대한 직감이 오기 시작했다.

제재소 건축

그래서 목재를 생산하는 중소형 제재소를 건축해 보기로 했다. 구체적이고 세밀한 정도는 아니었지만 이 정도의 구상으로 제재소 건축을 시작했다.

- 제재소 건축에 필요한 목재는 내 땅에 있는 나무를 이용한다.
- 건축을 위한 목재도 내가 직접 준비한다.
- 건물의 크기는 약 50×40피트(2,000SF, 56평)로 한다.
- 중장비가 요구되는 일은 현지인에게 요청한다.
- 예산은 약 이십만 달러 정도로 하고 내가 준비한다.
- 자세한 조언은 경험 있는 현지인 건축업자에게 구한다.
- 제재소가 건축된 이후 생산된 가구는 일차적으로 내가 사용하고, 필요한 현지인에게 약 30% 정도 저렴한 가격으로 판매도 한다.
- 가능한 부가가치가 높은 제품부터 생산하되 나무의 특성을 이용한다.

경험이 없으니 자세한 도면도 없었다. 일단 원주민 건축업자와 함께 일을 시작했다. 자세한 것은 이 건축업자와 상의해 진행했다. 제재소 건축을 결정하고 가장 먼저 할 일은 추운 겨울이 오기 전 제재소 지을 땅을 정지하는 작업이었다. 2021년 11월 4일 땅 정지 작업을 시작했다.

그리고 다음 해인 2022년 이른 봄인 3월 29일부터 제재소에 필요한 나무 베는 일을 시작했다. 나는 이미 나무 베는 일에는 익숙했다. 이전에 땔감을 위해 제법 많은 나무를 베어본 경험이 있었다. 벌목한 나무는 건축업자가 사용하기 편하게 가지를 친 채로 한곳에 쌓아 두었다. 이와 동시에 제재소 바닥 콘크리트 작업을 진행했다. 이때만 해도 구체적인 건물 도면도 없었다. 처음에는 콘크리트 바닥의 일부만 사용하고 그 나머지는 나중에 사용할 것으로 생각했는데 건축업자가 다 할 수 있다고 해서 그렇게 하기로 했다.

건축을 시작한 지 1년이 다 되어서 지붕 공사를 마칠 수 있었다. 드디어 제재소에 제재기를 설치할 수 있었다. 그리고 또 다음 해인 2023년 봄부터 제재소 벽 작업을 시작했는데 건축업자 없이 혼자 했다. 제재소에서 생산된 목재로 벽을 만들었다. 그리고 제재소에서 생산한 목재로 공구를 저장하는 방도 만들었다.

이렇게 건축과 목재 경험을 하니 긱섬에 있던 다른 집과 건물 보수도 직접 할 수 있었다. 하나의 일이 끝나니 다음 일이 보이기 시작한 것이다. 제재소에서 생산된 목재를 저장하는 장소도 추가로 필요해 만들기로 했다.

변수와 실수

제재소 건물의 높이가 높아서 건물 안에 건조된 목재를 저장할 장소가 필요해 2층을 만들기로 했다. 제재소 건축은 건축업자가 주도했다. 그런데 건축업자의 다른 일정과 겹쳐 나 혼자 공사를 시작하게 되었다. 이전에 건물을 지었던 경험이 있었던 것도 아니었다. 하지만 벌어진 일이니 해 보기로 했다. 중요한 기둥 6개를 세우고 나니 다음 할 일이 보였다. 그래서 2층 공사를 마치고 그 위에 어느 정도 건조된 목재를 올려놓았다. 다음 해 봄에 돌아와 보니 목재의 무게로 버팀목이 휘어져 있었다. 건축 경험이 없어서 발생한 실수였다.

이런 실수를 경험하며 건축을 이어갔고, 나무를 전부 내리고 새로운 설계를 통해 새롭게 지었다. 이번에는 실수했던 지난 시간의 경험 때문에 훨씬 좋은 목재 저장공간을 실수 없이 지을 수 있게 된 것이다. 경험 없이 시작하면 실수는 따라오기 마련이다. 실수를 통해 배우면 된다. 하지만 실수를 두려워하면 새로운 일 자체를 시작할 수 없다.

또 다른 건축 프로젝트

제재소 건축을 경험하며 건축에 대한 자신감도 얻게 되었다. 그래서 곧바로 다음 프로젝트를 진행했다. 헛간을 개조한 다목적 작업실이 낡아 새로 짓기로 한 것이다. 바로 구상에 들어갔다.

- 크기는 20×30피트(600SF)로 하고 높이는 10피트로 한다.
- 기초는 콘크리트로 한다.
- 건축에 필요한 모든 목재는 자체 생산한 것을 사용한다.
- 송이버섯 시즌에 이 건물을 사용할 수 있게 8월 중순까지 완공한다.
- 기초 공사는 고사리 철 시작전인 5월 초순까지 마친다.
- 예산은 약 이만 달러 정도로 한다.

구상을 마치고 낡은 구건물 철거 작업을 시작했다. 3월 25일 철거 작업을 시작했고, 철거를 마친 후 건축업자에게 새로운 건물을 위한 기초 작업을 부탁했다. 그리고 예정대로 5월 초에 기초 콘크리트 작업을 마쳤다. 그리고 기둥을 세우는 작업을 시작했다. 원래 계획은 주 기둥은 건축업자에게 부탁하는 것이었는데 일정이 맞지 않아 이번에도 내가 직접 했다.

일단 6×6인치 주 기둥을 콘크리트 바닥에 고정했다. 이때도 세부적인 설계도면은 없었다. 단지 다음에 무엇을 해야 할 일이 생기면 그것만 생각했다. 기둥을 세우고 그 위에 올릴 지붕틀을 만들었다. 지붕 올리는 일은 전문가의 도움을 받았지만 나머지는 직접 했다. 그리고 벽 작업을 했다. 합판을 사용하지 않고 조금 더 전문적인 방법을 활용해 원목으로 연결하기로 했다. 제법 많은 시간이 걸렸다. 그리고 창문 공사와 건물의 앞과 뒤에 슬라이딩 도어를 만들어 달았다. 그리고 건물 안 일부를 2개 층으로 만들고, 냉장실도 만들고, 전기 배선과 난방 작업을 끝으로 예정된 기일에 모든 일정을 마칠 수 있었다.

창업가는 비즈니스의 개척자

캐나다 원주민 마을에서의 작은 제재소와 작업실 건축 이야기는 앞으로 이야기하려는 독특한 창업가의 성향과 맞닿아 있다. 창업가는 가만히 있지 못한다. 진취적이고 열정적이다. 복잡한 변수를 염려하기보다 언제나 도전을 멈추지 않고 실행에 옮긴다. 그래서 창업가는 개척자다. 비즈니스 개척자가 창업가이기 때문이다. 창업가를 포함한 모든 분야의 개척자라 불리는 이들은 공통된 특징이 있다.

맥그래스Rita Gunther McGrath 교수의 *The Entrepreneurial Mindset* 기업가 정신이라는 책에서 창업가는 행동 지향적인 사람이고, 어떤 개념을 사용하기 쉽게 만든다고 말한다. 마치 태어날 때부터 이런 성향을 갖고 있었던 것처럼 독특한 개척자인 창업가의 특징에 대해 구체적으로 소개해 보려고 한다.

움직이면서 생각한다

관리자는 생각한 뒤에 움직인다. 그러나 개척자는 움직이면서 생각한다. 관리자는 구체적인 계획이 없으면 움직이려 하지 않는다. 아니 움직일 수 없다. 관리자는 불확실성을 불편해하고 싫어하기 때문이다. 하지만 개척자는 일단 무엇을 할 것이지 결정하면 구체적인 계획이 나오지 않은 상태에서도 일단 움직이기 시작한다. 일단 움직이면 다음 것이 보이기 때문이다. 그러면 그 보이는 것을 행한다. 그러면 또 다음 것이 보이기 시작한다. 그러면 그것을 또 행한다. 개척자의 이런 성향 때문에 시행착오는 필수적이다. 물론 아무도 해 보지 않은 것을 처음 시도할 때는 여러 가지 한계에 직면할 수밖에 없다. 그러다 보면 시행착오를 경험할 수밖에 없다. 하지만 계획이 구체적이면 구체적일수록 어떤 변수도 용납하지 않으려 하고, 그런 조직과 사람들은 변화나 혁신보다 한 자리에 멈추어 서 있는 것에 익숙하게 된다. 그리고 눈앞의 문제를 해결하는 데 많은 시간을 보낸다.

그러나 개척자는 현실을 빨리 파악한다. 그리고 그 상황에서 최적의 방법을 찾아 행한다. 구체적인 계획이 없었기에 내가 처음 세운 계획에 연연하지 않는다. 개척자는 틀에 박힌 일에 머물러 있는 것을 즐기지 않는다. 어떤 관점에서 보면 개척자는 불확실성을 좋아하고 즐기는 편이다. 이런 개척자의 성향은 창업가에게 꼭 필요한 요소다.

그런데 관리자형의 사람이 창업했을 경우 명심해야 할 것은 계획한 일이 벌어지지 않았을 경우 그 원인을 분석하는데 너무 많은 시간을 보내려 하지 말아야 한다는 것이다. 원인을 분석하는데 시간을 다 보내서 정작 꼭 해야 할 일을 제대로 못 할 수 있기 때문이다.

단순하게 생각한다

개척자는 복잡한 것을 단순하게 만드는 특성이 있다. 반면 관리자는 단순한 것을 복잡하게 만드는 특징이 있다. 때때로 사람들은 구체적인 계획이나 결과가 없는 상태에서 움직이는 개척자를 이해하지 못한다. 그러나 개척자는 행동하지 않고 생각만 하는 이들을 지켜 보고만 있을 수 없다. 앞서 인용한 맥그래스 교수의 책에서는 창업가의 중요한 자질 중 하나가 복잡한 것을 단순하게 하는 능력이라고 강조한다. 그래서 함께 일하는 동료가 자신감 있게 일할 수 있도록 해 준다는 것이다.

직감으로 움직인다

또 다른 개척자의 특성은 직감으로 움직인다는 것이다. 이 말을 느끼는 대로 쉽게 움직인다고 오해하지 말았으면 한다. 직감은 그냥 생기는 것이 아니다. 직감은 경험에서 나온다. 직감이란 무엇이 가능하다는 느낌이나 생각과 같은 '감感'을 말한다. 나는 첫 번째 창업 직전까지 매일 15시간씩 일했다. 그저 반복적으로 일 한 것이 아니다. 대부분의 일이 새로운 것을 창조하는 일이었다. 이렇게 일하니 자신감이 생기고 직감이 오기 시작했다. 나는 원주민 동네에서 10년간 지낸 후 새로운 사업을 찾던 중 목재 사업을 선택했다. 하지만 나는 경험이 없었기에 직감도 없었다. 그래서 직감을 얻기 위해 약 3년간 다양한 시도를 했다. 나무도 베어보고 체인톱으로 목재도 생산해 보고 생산한 목재로 가구도 만들어 보았다. 약 3년이 지나자 직감이 오기 시작했다. 그래서 제재소를 건축하기 시작했다.

창업을 원하는 사람은 직감을 갖기 위해 다양한 경험을 해 보아야 한다. 자기가 창업 하고자 하는 분야에서 주당 80시간씩 일해 보아야 한다. 그러면 어떤 느낌이 오기 시작한다. 정해진 일과인 하루 8시간만 일하며 다른 사람이 느낄 수 없는 직감을 얻기 쉽지 않다. 직감은 일에 미쳐 있어야 오는 것이다.

창업하면 계획한 일보다는 계획하지 않은 일이 훨씬 더 많이 생긴다. 이때 필요한 것은 지식이 아니라 지혜이다. 지식은 학습으로 배울 수 있다. 그러나 지혜는 경험을 통해야 배울 수 있다. 그리고 이렇게 습득된 지혜는 직감으로 표현된다.

비즈니스 플랜에 얽매이지 않는다

많은 창업가는 세부적이고 구체적인 비즈니스 플랜 없이도 사업을 시작한다. 직감으로 움직이면 자세한 플랜이 큰 도움이 되지 못하기 때문이다. 그런데 왜 사람들은 창업하기 전에 많은 시간을 비즈니스 플랜 세우는 데 보내는 것일까? 여러 가지 이유가 있겠지만 내 돈이 아닌 다른 사람의 돈으로 창업하려고 하기 때문이다. 투자자를 설득하려는 것이다. 내 돈으로 사업을 시작하는 사람이 비즈니스 플랜을 세우고 PPT를 만드는 데 시간을 보내지는 않을 것이다. 어차피 처음 하는 일은 창업 전에 세운 비즈니스 플랜처럼 될 리가 없다. 가보지 않는 길을 가는 데는 상상의 한계가 있다. 그 한계를 극복하는 가장 현명한 길은 직접 그 일을 경험해 보는 것이다. 구체적인 비즈니스 플랜이 없다고 해서 생각이 없다는 것이 아니다. 플랜은 핵심적인 한 페이지이면 충분하다. 사업 자금은 어떻게 조달할 것인지, 왜 이 사업이 성공할 가능성이 있는지, 누구와 같이 일을 시작할 것인지 등…

내 두 번의 창업 모두 처음 계획한 대로 일이 진행되지 않았다. 예상한 대로 일이 벌어지지도 않았다. 오히려 계획하지 않은 일이 수없이 일어났다. 그래서 창업은 빈 그릇을 준비한다는 의미라고 생각한다. 준비된 빈 그릇에는 처음 계획한 것만 담는 것이 아니다. 계획하지 않은 것도 담을 수 있다. 그러나 그릇이 없으면 아무것도 담을 수 없다. 비즈니스 플랜이 불필요하다는 이야기로 오해하지 말았으면 좋겠다. 비즈니스 플랜이 행동을 방해해서는 안 된다는 의미다.

상호 보완적인 관리자와 개척자

무에서 유를 창조하는 창업가는 타고난 특성이 있다. 그래서 관리자형의 사람과 차이가 있다. 그렇다고 해서 관리자형의 사람이 창업하지 말아야 한다는 의미는 아니다. 다만 관리자형이 창업자가 되려면 창업가형의 독특성을 잘 이해하고 의도적으로 행동에 옮길 필요가 있다. 창업가형으로 다시 태어나는 노력을 해야 한다는 의미다. 다시 말하면 너무 복잡하게 생각하지 말고 직감으로 움직여야 한다.

당연한 이야기지만 개척자와 관리자는 상호 보완적인 관계이다. 개척자가 시작한 창업이 안정 궤도에 들어서면 반드시 관리자가 필요하다. 이와 함께 회사가 안정 궤도에 들어섰다고 하더라도 새로운 분야에 진출해 사업을 확장하려고 할 때는 개척자의 마인드를 가져야 한다.

선한 창업가

걸림돌이 기회를 준다

캐나다 원주민 마을에서의 제재소와 작업실 건축은 세부적인 계획 없이 일을 시작했다. 그래서 변수와 실수가 걸림돌이 되기도 했다. 그런데 걸림돌이 기회가 되었다. 건축업자의 바쁜 일정이 가장 큰 변수이자 걸림돌이었다. 그런데 이 걸림돌이 기회를 가져다주었다. 건축업자의 조언에 힘을 얻어 나 스스로 일을 시작할 수 있는 계기가 된 것이다. 이렇게 예상할 수 없는 한 가지 일을 해내면 다음 일이 보이게 된다.

일을 마치니 예상하지 못했던 열매가 맺기도 했다. 캐나다 원주민들이 내가 작업하는 모든 과정을 지켜본 것이다. 제재소를 건축하고 작업실을 건축하는 모든 과정이 오랫동안 패배감에 짓눌려 알코올중독과 자살과 저학력 문제로 새로운 일에 도전하는 것을 두려워하는 원주민들에게 어떻게 새로운 일에 도전해서 시작할 것인지 생생하게 보여줄 수 있는 계기가 된 것이다. 당연히 제재소 건축을 구상할 때 이와 같은 계획이 들어가 있지는 않았다. 결국 창업의 진짜 걸림돌은 할 수 없는 것이 아니라 할 수 없다는 '생각'인 것이다.

창업가의 기본자세

나는 아주 오랜만에 미국의 나의 첫 직장에서 나를 고용한 구십 세가 된 매니저 톰 코스턴Tom Corsten을 만났다. 점심을 먹으며 나를 고용하기로 한 가장 중요한 점이 무엇인지 물었다. 그러자 주저 없이 이렇게 대답했다.

"It was passion!"

창업가가 갖추어야 할 기본자세 중 첫 번째를 꼽으라면 바로 '열정Passion'이다. 첫 직장의 매니저와 면접을 볼 때의 나는 미국 생활 18개월 차로 영어도 제대로 하지 못했던 때였다. 매니저는 어떻게 그런 내가 열정이 있다고 느꼈을까? 간절함이 열정으로 느껴진 것은 아니었을까? 열정은 무언가를 이루겠다는 간절함이다. 간절함이 없다면 그 누구도 더 큰 일을 이룰 수 없을 것이다. 벼랑 끝에 서 있는 사람의 간절함의 힘은 따뜻한 침대에 누워 유튜브를 보며 졸고 있는 사람은 상상도 못 할 일이다. 이 간절함에서 비롯된 힘은 상황이 어려우면 어려울수록 더 커지기 때문이다.

　나는 어려운 가정형편 때문에 대학 진학을 포기했다. 중학교 졸업 후 5년제 직업학교에 진학했다. 하지만 포기하지 않고 열심히 공부해 대학에 편입했다. 미국 유학도 도전했다. 미국에서 첫 직장에 입사해서도 하루 15시간씩 일했다. 일이 재밌기도 했지만 성공하고 싶은 간절함의 힘이 가장 컸다. 지금도 캐나다 원주민 마을에서 하루 12시간씩 일한다. 지금의 간절함은 삼척의 어려운 가정에서 꿈을 포기했던 내 어린 시절의 모습과도 같은, 좌절하고 낙담하고 절망한 원주민들에게 무언가를 보여주고 싶은 간절함이다.

　무엇보다 내가 이렇게 포기하지 않고 꿈을 향해 간절히 달려갈 수 있었던 것은 대학을 포기하고 입학한 직업전문학교 2학년 때 만난 하나님 때문이었다. 전능하신 하나님을 아버지라고 부르며 시작도 하지 않고 포기하고 절망하는 것이 하나님에 대한 불신이라는 생각이 들었다.

　경험이 없어도 된다. 경험은 쌓으면 된다. 자본이 없어도 된다. 돈은 열심히 일해서 저축하면 된다. 그러나 열정이 없으면 아무것도 할 수 없다. 나는 금수저라 불릴만한 가정에서 태어난 것도 아니었다. 그렇다고 학력이 뛰어난 것도 아니었다. 흙수저 중의 흙수저였다. 누구보다 열등한 환경에서 청소년 시절을 보냈다. 그런데 돌이켜보면 이런 열등한 환경이 내게 더 큰 열정을 일으키는 원동력이 되었다. 나 스스로 일어나지 않으면 안 되었기 때문이다. 열등한 환경이 성공에 대한 간절함으로 표출되었고 그 간절함이 열정으로 자랐다. 내가 캐나다 원주민과 살면서 가장 힘든 일은 그들에게 간절함이 없다는 것이다. 정부에서 정기적으로 지급하는 지원금이 일말의 간절함마저도 빼앗아 갔다. 그래서 우리의 "새마을 운동"이 캐나다 원주민에게는 가능하지 않다.

나는 얼마나 간절한가? 간절함은 열정의 근원이다. 그리스도인의 열정은 내가 이 세상에 존재하는 이유가 무언가에 대한 답이기도 하다. 이 열정은 하나님이 나를 이 땅에 가치 있는 일을 위해 보내셨으며 그 일을 감당할 수 있는 재능인 특별한 달란트를 주셨다는 것을 인식할 때 더 증폭된다.

부지런함이 창업가를 만든다

창업가가 가져야 할 또 다른 기본자세는 부지런함이다. 부지런한 사람은 직장에서 일할 때 퇴근 시간이 기다려지지 않는다. 부지런한 사람은 일찍 출근한다. 회사의 근무 시작 시각은 회사에 도착하는 시간이 아니라 일을 시작하는 시간이기 때문이다. 부지런한 사람은 한 가지 일이 끝나면 다음 할 일을 찾게 된다. 하지만 대부분은 한 가지 업무를 마치면 다음 업무가 주어질 때까지 멍때리며 기다린다. 그런데 부지런한 사람은 스스로 일을 찾는다. 일의 전체 그림이 머리에 그려져 있기 때문이다. 그러니 내게 주어진 일을 마쳤다고 해서 멈추지 않고 전체 그림이 잘 그려지도록 다음 일을 하게 되는 것이다.

미국에서 처음 일한 회사의 주당 평균 근무 시간은 40시간이었다. 하지만 나는 80시간씩 일했다. 매일 퇴근 후 저녁을 먹고 다시 회사로 가서 자정까지 일했다. 추가 수당도 받지 않았다. 당시 내가 받은 연봉은 석사 학위가 있던 다른 사람의 연봉보다 낮았다. 영주권도 없고 영어도 미숙한 나로서는 선택권이 없었다. 하지만 계약한 근무 시간과 연봉보다 두 배가 넘는 일을 한 것이다. 6개월이 지났고 연봉 조정을 하게 되었다. 매니저는 다른 직원과 같은 연봉을 제시했는데 사장님은 그보다 적은 금액의 인상을 제안했다. 나는 사장님께 왜 하루에 15시간씩 일한 줄 아시

느냐고 물었다. 사장님은 내가 그동안 어떻게 일했는지 잘 모르고 계셨던 것 같았다. 내가 추가 근무 수당 요청을 한 번도 하지 않았으니 모를 만도 했다. 사장님은 추가 근무 수당도 없이 왜 그렇게 일했는지를 되물었다.

"저는 그동안 내가 해야 할 임무를 다하기 위해 그렇게 열심히 일했습니다. 그리고 지금은 그 일을 하는데 충분한 실력이 있다고 생각합니다."

사장님은 매니저가 제시한 금액이 아닌 그보다 더 많은 연봉 인상을 제시했다. 이후 나는 매년 30%씩 연봉 인상이 되었고 4년 만에 연구개발 책임자가 되었다.

내가 만난 많은 직장인들은 회사에서 주는 봉급 이상 일하는 것을 손해라고 생각했다. 손해 보는 일을 하기 싫은 것이다. 그런데 손해 보기 싫은 것은 회사도 마찬가지다. 그러니 만약 내가 회사에서 주는 봉급 이상을 받으려 한다면 내가 먼저 손해를 보아야 한다. 다시 말하면 당신은 회사에서 주는 봉급보다 더 많이 일해야 한다.

생각하며 일하고 능동적으로 일한다

창업가의 또 다른 기본자세는 생각하며 일하는 것이다. 생각하지 않고 상사가 시키는 일만 하는 사람들이 참 많다. 더 좋은 방법을 생각하지 않는다. 사업에서 매우 중요한 것은 효율성이다. 효율성은 하루아침에 뚝딱하고 생기는 것이 아니다. 효율성은 꾸준히 노력해야 생기는 것이다.

캐나다 긱섬의 주요 업무인 고사리 삶는 일도 생각처럼 간단하지 않다. 불의 강도, 솥에 넣는 양, 끓이는 타이밍등 수많은 변수가 있다. 그러니 고사리를 삶는 때도 관찰을 하며 다양한 시도를 통해서 점점 향상되어 최상의 제품을 생산해야 한다. 현재 1인당 고사리 삶는 양은 처음 고사리를 삶기 시작할 때와 비교해 대략 다섯 배 증가했다.

우리가 하는 일 중에는 단순하고 반복적인 일이 많다. 그러기에 쉽게 지루해질 수 있다. 그런데 생각하면서 일하면 지루해지지 않는다. 새로운 방법을 찾고 시도해 효율이 높아지는 것을 경험하면 일하는 것이 재미있어진다. 내가 원주민 동네에서 하는 일은 거의 대부분 막노동이라고 할 수 있다. 그러니 어찌 보면 그렇게 재미있는 일이 아니다. 그런데도 그 일이 재미있다. 생각하면서 일하기 때문이다. 그리고 이렇게 생각하면서 일하는 것이 결과로 나타나면 이 생각하면서 일하는 것이 습관이 된다.

주인이 되게 하는 지름길

또 다른 창업가의 기본자세는 주인의식이다. 주인의식이란 주인이 아닌 사람이 주인처럼 생각하고 주인처럼 행동하는 것이다. 이러한 의식을 가진 자만이 주인이 될 수 있고 주인이 됐을 때 책임져야 할 일을 잘 감당할 수 있다.

미국에서 첫 직장에 입사한 지 6개월쯤 되던 무렵이었다. 회사는 수주한 프로그램 개발 사업을 진행 중이었고 마무리를 위해 컨설팅 회사에 의뢰했다. 입사한 지 얼마 되지 않은 신입 직원인 나에게 이 사업을 맡길 수는 없었다. 그래서 나는 컨설팅 회사의 직원들과 함께 일하며 기술을 배우고 익히는 데 집중했다. 그리고 컨설팅 회사와 일한 지 2주일 후 혼자서도 그 일을 해낼 수 있다는 판단이 들었다. 그래서 나의 직속 상사에게 컨설팅 회사와의 계약 조건을 물었다. 만약 시급제라면 혼자서도 능히 처리할 수 있으니 내게 맡겨달라고 했고, 그렇지 않으면 컨설팅 회사와 계속 일하겠다고 했다. 컨설팅 회사와는 시급제로 계약되어 있었고 나는 이 사업을 혼자서도 해 낼 수 있다고 말했다. 나는 이 사업을 맡아 끝까지 성공적으로 마쳤고 회사는 큰 비용을 절약할 수 있었다. 나는 입사한 지 6개월 된 일개 직원에 불과했고 단 한 주의 회사 주식도 소유하고 있지 않았었다. 주인은 아니었지만 주인처럼 생각하고 주인처럼 행동한 것이다.

미국 프로골프 선수들의 경기를 현장에서 직접 관람한 적이 있다. 갤러리들과 함께 몇 홀밖에 걷지 않았는데 다리가 아프고 피곤해졌다. 골프를 직접 칠 때는 무거운 골프 가방을 등에 지고 18홀을 돌아도 별로 피곤한 줄 몰랐는데, 이상하게 구경만 하는데도 피로감이 느껴졌다. 그 게임은 그들의 게임이었지 나의 게임은 아니었기 때문이다. 주인의식은 그들의 게임을 나의 게임으로 만들어준다.

주인의식을 갖고 일하는 직원은 자신이 주인의식을 갖고 일한다고 인식하지 못한다. 그러다 훗날 성공한 후에 자신이 주인의식을 갖고 일해 왔다는 것을 알게 된다. 주인의식 자체가 인위적인 노력을 통해 습득된 것이 아니라 일하는 과정에서 자연스럽게 몸에 밴 습성이기 때문이다. 어떤 이들은 주인의식을 갖고 열심히 일했는데 사장님이 알아주지 않으면 나만 손해 보는 것 아니냐고 생각할 수 있다. 그런데 만약 사장이 주인의식을 갖고 일하는 직원의 노력을 몰라준다면 도리어 그 직원에게는 주인이 될 기회를 마련해 주는 꼴이 된다. 그 직원은 결국 다른 곳에서 성공할 것이기 때문이다. 그러나 주인의식이 없으면 주인이 될 가능성은 없다. 만약 지금 내가 주어진 일만 하고 있다면 주인의식은 없는 것이다. 주어진 일을 넘어서 일이 눈에 보여 일을 찾아 움직이고 있다면 주인의식이 있는 것이다.

저축 습관

사업을 시작하고 성장시키기 위해서는 계속해서 자금이 필요하다. 그래서 대출이나 투자를 기대한다. 대출금은 이자 부담이 높고 투자금은 회사의 지분을 투자자에게 나눠 주어야 한다. 그래서 나는 처음 창업하는 이들은 저축하는 습관이 있어야 한다고 생각한다.

저축 습관을 말하는 이유는 두 가지다. 첫 번째는 앞으로 닥치게 될 수 있는 예측할 수 없는 사건을 미리 준비하기 위해서이다. 두 번째는 하고 싶은 일을 하기 위해서 저축을 하는 것이다.

특히 창업을 준비하고 있고, 창업에 대한 간절함도 있다면 저축부터 시작해야 한다. 저축은 아르바이트하면서도 할 수 있다. 직장에 다닌다면 당연히 저축할 수 있다. 이렇게 저축한 돈을 창업의 종잣돈seed money으로 사용해야 한다. 이렇게 창업을 시작하고 추가로 돈이 필요하면 그때 대출이나 투자를 고려해야 한다. 너무나 많은 이들이 '아이디어'만으로 돈을 벌려고 한다. 아이디어만으로 돈을 벌겠다는 것은 남의 돈으로 내 돈을 벌려고 하는 것이다. 남의 돈으로는 남의 돈 벌어주어야 하고 내 돈으로 내 돈 벌어야 한다.

창업 회사의 성공은 돈의 무게와 비례한다. 창업가에게 무게가 나가는 돈은 사업 성공 가능성이 크지만, 무게가 나가지 않는 돈은 성공할 가능성이 작다. 사업을 하다 보면 누구든지 실패를 경험한다. 실패를 반복하지 않기 위해서는 실패를 통해 배움을 얻어야 한다. 배움을 얻기 위해서는 아픔이 있어야 한다. 사업의 가장 큰 아픔은 내 돈이 사라지는 것이다. 다시 말하면 남의 돈으로 사업을 시작했다면 실패해도 아픔이 크지 않는다. 아픔이 크지 않으면 배움이 없다. 배움이 없으면 실패를 반복한다.

창업이후 회사에 이익이 발생했을 경우 그 이익을 재투자하여 회사를 성장시키게 된다. 이 경우 회사의 지분을 창업자가 유

지할 수 있다. 그러니 나중에 대기업 등에 회사를 매각하면 큰돈
을 벌 수 있다. 나는 첫 회사를 설립한 후 외부로부터 투자를 받
지 않았다. 그리고 이익이 발생하면 대부분을 회사를 성장시키
기 위한 자금으로 사용했다.

왜 창업에 실패할까?

창업 후 실패하는 이유는 다양하다. 물론 통제하기 어려운 일
때문에 실패할 수도 있다. 하지만 실패 사례를 자세히 조사해 보
면 몇 가지 중요한 원인을 발견할 수 있다. 성공은 쉽지 않지만
실패는 피하거나 줄일 수 있다.

집중의 문제

집중하지 않으면 창업에 실패한다. 대학의 교수들은 젊은 학
생들과 함께 반짝이는 아이템으로 창업을 하지만 수없이 실패한
다. 아이디어가 나빠서가 아니다. 아이템이 문제가 있는 것도 아
니다. 교수직을 유지한 체 두 가지 일을 동시에 하려고 하기 때문
이다. 수많은 선교사가 비즈니스 선교라는 이름으로 선교지에서

창업했고 대부분 실패했다. 아이디어가 나빠서도 아니고 아이템의 문제도 아니다. 하나에 집중하지 못하고 선교사도 하고 사업도 하려고 했기 때문이다.

창업 초기에는 200% 이상의 시간을 쏟아부어도 사업에 성공한다는 보장이 없다. 나는 첫 직장에서 어느 정도 위치에 올랐을 때 창업을 계획했다. 상사인 부사장에게도 알렸다. 부사장은 나에게 퇴근 후 창업 준비를 해도 좋다고 했다. 하지만 며칠이 지난 후 두 가지를 동시에 하는 것은 불가능하다는 것을 알았다. 곧바로 사표를 내고 창업에 집중했다. 창업 후 8년이 지나고 회사 직원이 100명이 되어서야 처음으로 시간을 내어 MBA를 공부할 수 있었다. 그 과정에서 확인한 것은 창업의 첫 단계는 사표라는 것이다. 두 마리 토끼를 다 잡으려고 하면 한 마리도 잡을 수 없다.

하지만 나도 캐나다에서 긱섬을 설립한 후 1년 이상을 양다리를 걸쳤다. 친구 회사의 CEO를 겸했다. 긱섬은 매니저를 고용하고 대부분의 일을 위임했다. 하지만 얼마 지나지 않아 긱섬 상품에 문제가 생기기 시작했다. 매니저가 문제가 있었던 것은 아니다. 다만 내 경험이 부족해 발생한 문제였다. 많은 재정적인 손실

71

을 감내해야 했다. 실패를 경험한 후 나는 모든 시간을 긱섬에 쏟아부었다. 그 효과는 즉시 나타나기 시작했다. 얼마 지나지 않아 회사는 손익분기점을 지났다. 많은 직원이 별로 생각하지 않고 상사가 시키는 대로 일한다. 그러나 한 가지 일에만 집중하는 주인은 끊임없이 더 좋은 방법을 생각한다.

돈의 무게를 모른다면

또 다른 사업 실패의 주요 원인은 돈의 무게에 대한 인식이 없는 것이다. 투자금을 사무실 꾸미고 차를 사는 데 필요 이상으로 사용하는 사람들이 있다. 내 돈이면 하지 않을 행동을 쉽게 한다. 캐나다 원주민 마을의 긱섬을 방문하는 사람들은 나에게 "고사리 건조장을 시멘트로 포장해라", "제재소를 위해 중장비를 구입해라"와 같은 조언을 한다. 대부분 시설물 투자와 장비 구입에 대한 조언이다. 나는 항상 투자대비수익률을 고려한다. 1년에 1-2개월 밖에 필요하지 않은데 큰 비용을 지출할 이유가 없다. 내 돈이라면 정말 필요한 것인가 고민할 수밖에 없다.

나는 첫 번째 회사를 대기업에 팔아서 큰돈을 벌었다. 대학교수인 친구는 자신이 설립한 회사에 투자를 요청했다. 친구의 인품과 회사의 가능성을 믿었기에 투자를 결정했다. 친구는 내게 회사 CEO를 맡아 달라고 부탁했다. 그 분야에 지식이 없었지만 회사를 키운 경험이 있었기에 제안을 받아들였다. 하지만 쉽지 않았다. 회사 기술진이 생각하는 것과 고객의 생각에 간극이 있었지만 이를 좁힐 수 없었다. 수입이 거의 없는 상황에서 투자금이 바닥을 보이기 시작했고 추가 투자하기로 한 사람이 투자를 망설이기 시작했다. 비로소 나는 투자의 위험 부담이 점점 커지고 있음을 인식했다. 더는 사장의 직무를 수행할 수 없다고 판단했다. 그래서 사장직을 사임했다. 하지만 회사의 파산을 보고만 있을 수 없어 여러 차례에 걸쳐 내 돈으로 추가 투자를 했다. 당연히 개인적으로 큰 손실을 볼 수밖에 없었다. 이 실패를 통해 매우 중요한 교훈을 얻었다. 창업자는 자신의 모든 것을 투자해야 한다는 점이다. 배수진을 치지 않으면 안된다. 돈이 있는 곳에 마음이 있기 마련이다. 자신의 돈을 투자해 시작한 회사와 남의 돈으로만 시작한 회사는 근본적인 차이가 있다. 자신의 돈과 시간을 투자하지 않으면 일에 집중하기 쉽지 않다. 실패해도 잃어버릴 게 없으면 꼭 성공해야 한다는 마음도 줄어들 수밖에 없다.

만약 스스로 자본이 없어 자금을 끌어들여야 한다면 회사가 안정 궤도에 들어서기 전까지는 보수를 받지 않거나 받아도 최소한으로 해야 한다. 그래서 예정된 목표에 이르지 못할 경우 잃어버릴 것이 분명히 있어야 한다. 실패해도 아프지 않으면 실패는 반복된다. 그 아픔이 크면 클수록 다시 실패하지 않는다.

욕심의 문제

신약성경 야고보서에는 "욕심이 잉태한즉 죄를 낳고"라고 말한다. 이런 경고의 말씀에도 그리스도인들은 예외 없이 빨리 성공하려고 욕심을 부린다. 이 욕심에 큰 수익을 빨리 손에 쥐려는 투자자의 욕심까지 더해지면 실패할 확률이 더 높아진다. 창업자는 성과를 빨리 보기 위해 불필요한 지출을 하게 되고 투자자 또한 성과를 빨리 보기 위해 방관하거나 부추긴다. 그러면 수익은 없는데 지출만 증가하고 결국 투자금은 금방 바닥난다. 수익이 없는 상태에서는 불필요한 지출을 줄여야 한다. 아무리 좋은 상품이라도 시장에서 알려지기까지는 시간이 걸린다. 그때까지 버티기 위해서는 불필요한 지출을 줄여야 한다. 큰 꿈을 꾸는 것보다 냉철한 현실을 보는 것이 창업자에게는 필요하다. 그러기 위해서는 지나친 욕심을 버려야 한다.

창업하지 말아야 할 사람들

모든 사람이 창업할 수는 없다. 창업할 사람이 있다면 창업하지 말아야 할 사람도 있다. 내가 쓴 『선한 영향력』에는 창업하지 말아야 하는 사람들에 대해서 언급했는데 간략히 소개하면 이와 같다.

1. 일하는 것을 싫어하는 사람
2. 일을 시켜주기 기다리는 사람
3. 생각하지 않고 일만 하는 사람
4. 한 가지 일에 집중하지 못하는 사람
5. 매사에 도망갈 궁리를 해 놓은 사람
6. 편하게 살려고 하는 사람
7. 개인적인 삶과 사업에 균형을 지키려고 하는 사람
8. 보스가 되려고 하는 사람

이런 사람이 창업하지 말아야 하는 것은 실패할 확률이 대단히 높기 때문이다. 창업에 실패하며 자신만 손해 보는 것이 아니라 내 창업에 도움을 주거나 관여한 이들 모두에게 피해를 주기 때문이다.

창업가의 마일스톤milestone, 핵심단계와 목표

만약 내가 창업가의 특성을 타고났다고 생각된다면 다음과 같은 핵심단계에 따라 명확한 목표 지점을 거쳐 창업으로 이어져야 한다.

1. 직감을 갖기 위해 주인 의식을 갖고 주인처럼 다른 사람의 두 배 정도 일을 한다.
2. 창업에 필요한 종잣돈을 준비한다.
3. 직감이 생기고 종잣돈이 준비되면 일단 창업을 한다.
4. 한가지가 끝나고 다음 단계가 보이면 그대로 진행한다.

신한 창업가

창업에 도움이 되는 개념들

✴

경영학 지식은 창업 초기에 크게 도움을 주지는 못한다. 오히려 여러 가지 지식이 즉각 행동하지 못하게 해서 창업에 방해가 되기도 한다. 그러나 경영학 지식은 잘 사용하면 많은 도움이 된다. 나도 첫 창업 때는 경영학 지식이 없었다. 하지만 두 번째 창업 때는 경영학 지식이 분명히 도움이 되었다. 내가 경영학에서 배운 것 중 창업에 도움이 되는 경영학 개념들에 대하여 설명하고자 한다.

SWOT 분석

SWOT는 Strength강점, Weakness약점, Opportunity기회, Threat위협의 약자다. 창업하려는 회사의 장점, 약점, 기회, 위협에 대한 것이다. 『손자병법』에도 "나를 알고 적을 알면 백 번 싸워도 위태롭지 않다."라고 말하고 있다. 많은 창업자가 자신의 기술이나 지식에 함몰되어 경쟁자에 대한 분석을 제대로 하지 않는다. 자기 회사의 장단점뿐 아니라 외부 환경에서 비롯된 위기와 기회의 정도를 비교하여 우리 회사가 어떤 일에 집중해야 하는지를 보여주는 것이 SWOT 분석이다. 여기서 핵심은 장점과 기회만 볼 것이 아니라 약점과 위협도 균형 있게 보아야 한다는 것이다. 자기가 하려는 일에 함몰되어 나의 약점과 위협에 소홀해질 수 있기 때문이다.

사업하는 사람들은 경쟁자들에 대한 분석의 필요성은 인정하면서도 실제로 행동에 옮기지 못하는데 그 이유를 살펴보면 다음과 같다.

첫째, 경쟁자 분석으로 이익을 얻을 수 있는지에 대한 확신이 없기 때문이다. 그러나 경쟁자에 대한 분석은 확실한 변화를 가져온다. 나를 알고 적을 알면 백전백승한다.

둘째, 자신을 과대평가하거나 상대방을 과소평가하기 때문이다. 경쟁자를 분석할 때 주의할 것은 공정성이다. 분석 결과를 활용할 때는 우리의 장점에 초점을 맞출 수밖에 없지만 분석 과정에서는 공정해야 한다. 내 단점과 상대방의 장점을 통해 우리 회사만의 차별점을 발견할 수 있다.

셋째, 현실에서 멀고 어려운 방법론만을 찾기 때문이다. 방법론에 관한 한, 쉽고 가까운 데에서 시작해야 한다. 나는 인터넷과 경쟁사의 고객을 통해 많은 정보를 얻을 수 있었다. 일단 정보가 수집되었으면 그것을 분석하여 전략 수립에 이용해야 한다. 활용하지 않는 정보는 무용지물일 뿐만 아니라 오히려 혼선만 초래할 뿐이다.

차별화 전략

차별화 전략이란 회사가 시장에서 경쟁 우위를 확보하기 위해 자사 제품이나 서비스가 다른 경쟁자들과 다르다는 점을 부각하는 경영 전략이다. 이것을 통해 소비자들에게 독특한 가치를 제공하고 브랜드의 충성도를 높이며 가격 경쟁을 피할 수 있다. 그렇게 하기 위해서는 다른 회사가 쉽게 흉내 낼 수 없는 우리 회사만이 독특한 가치가 있어야 한다.

첫 번째 창업한 회사는 미국 식품의약국 최초로 PDF 파일로 신약 신청 서비스를 제공했다. 그러면서 신약 신청하는 서류의 페이지 작업에 차별화를 시도했다. 당시 대부분 서류의 페이지 번호는 일련번호에 의해 생성되었다. 그래서 만약 어떤 페이지가 중간에 삽입되면 다음 페이지는 자동으로 밀려났다. 그러나 제약회사에서 임상 시험에 사용되는 CRF^{Case Report Form}은 이미 지정된 페이지가 있고 만약에 추가 페이지가 삽입될 경우 페이지 번호가 소수점을 사용하게 되고 그 이전에 있던 번호를 계속 유지하는 특성이 있었다. 이런 특성 때문에 일반적인 서류의 개념으로는 문제를 해결할 수 없었다. ISI는 이런 문제를 해결하기 위해 Pure Virtual Class라는 특별한 개념을 도입해 데이터베이스와 페이지 번호에 독립적인 방법을 도입했다.

긱섬에서 송이버섯을 구매하고 판매할 때도 기존의 바이어들이 일반적으로 사용하던 등급제를 사용하지 않았다. 송이버섯의 등급은 갓의 상태에 따라 구별되는 것으로 갓이 완전히 붙어 있으면 1등급이고 완전히 터진 상태면 4등급 또는 5등급이 된다. 송이버섯이 살아있는 생물인 관계로 운송 도중에 충격을 받으면 갓이 터지게 되고 이 경우 1등급에서 2등급으로 변하는 일이 일어난다. 우리 회사에서는 1등급의 제품을 보냈는데 배송 과정에서 갓이 터지며 고객은 2등급의 제품을 받게 되는 일이 발생한다. 이 경우 고객은 상품 품질에 대해 불평을 하기 마련이다. 이런 문제를 해결하기 위해 긱섬은 1등급을 상,하로 나누어 구매하고 1등급 중 상등급만 고객에게 1등급으로 판매하고 1등급 중 하등급은 2등급으로 고객에게 판매하는 차별된 방법을 사용하고 있다. 이렇게 함으로 고객이 원하는 품질을 확실하게 제공하는 것이다. 물론 이 경우 하-1등급에서 손실되는 부분을 상-1등급에서 보충한다.

틈새 전략

작은 회사가 큰 시장에서 큰 회사와 경쟁하기는 쉽지 않다. 비록 상품의 품질이 더 좋다고 해도 판매로 이어지는 것은 아니다. 작은 회사는 소비자에게 신뢰를 주지 못하기 때문이다. 그런데 작은 시장의 경우는 다르다. 큰 회사는 작은 시장에 뛰어들지 않는다. 회사의 노력에 비하여 결과가 미약하기 때문이다. 그래서 작은 시장은 큰 시장에 비해 상대적으로 경쟁자가 적다. 적기 때문에 작은 시장은 작은 회사에게 기회가 된다. 작은 시장을 성공적으로 공략하면 그와 유사한 또 다른 작은 시장에 성공적으로 도전할 수 있다. 이런 과정을 거쳐 공략한 작은 시장을 연결해 큰 시장으로 진출할 수 있게 된다.

린 스타트업 Lean Startup

린 스타트업은 에릭 리스Eric Ries가 처음 사용한 방법론으로 창업한 회사가 제품 개발과 시장 검증을 효율적으로 진행하기 위해 고안되었다. 이 접근법은 불확실성을 최소화하고 자원을 효율적으로 활용하는 데 중점을 두는데 간략히 요점을 정리해 보면 이렇다.

1. 최소 기능 제품MVP: 린 스타트업의 핵심 개념 중 하나는 최소 기능 제품이다. 이는 가장 기본적인 기능만을 갖춘 제품으로, 시장에서의 반응을 신속하게 확인할 수 있도록 한다.
2. 개발Build-측정Measure-학습Learn: 린 스타트업은 제품을 개발하고, 고객의 피드백을 통해 성과를 측정하며, 그 결과를 바탕으로 학습하는 순환 과정을 반복한다.

3. 피봇Pivot: 시장 반응에 따라 전략이나 제품 방향을 변경하
   는 것을 피봇이라고 한다. 린 스타트업은 초기 아이디어가
   시장에서 성공하지 못할 경우, 신속하게 방향을 바꿀 수 있
   는 유연성을 강조한다.
4. 검증된 학습Validated Learning: 린 스타트업은 데이터 기반
   의 의사결정을 중시하며, 실험과 피드백을 통해 실제로 고
   객이 원하는 것이 무엇인지 검증한다.
5. 지속적 개선: 린 스타트업은 제품과 서비스를 지속적으로
   개선하기 위해 고객의 피드백을 반영하여 빠르게 변화하는
   시장 환경에 적응한다.

이러한 원칙들은 스타트업 회사가 자원을 효율적으로 사용하
고, 시장의 요구에 적절히 대응하며, 실패의 위험을 줄이는 데 도
움을 준다. 린 스타트업 방법론은 기술 기반의 기업뿐만 아니라
다양한 산업에서도 널리 적용되고 있다.

새로 시작하는 상품은 많은 경우 개발하는 회사도 무엇을 원
하는지 정확히 모르고 고객 또한 그들이 원하는 것을 정확히 모
른다. 이 경우 상품을 개발하여 고객에게 보여주면 고객은 다른

것을 원하는 경우가 많다. 그러한 상태에서 최선의 상품에 대해 자세한 것을 기술하는 데는 한계가 있을 수밖에 없다. 그러므로 처음에는 자세한 것을 모르는 상태에서 세밀하게 기술하는 데 시간을 낭비하는 것보다 일단 기본적인 기능을 가진 제품을 만든 후 고객의 반응을 보면서 수정하는 것이 바람직하다.

내가 ISI에서 개발한 거의 모든 소프트웨어가 이렇게 개발이 되었다. CRFTrack이라는 프로그램을 개발할 당시의 일이다. 기존에 사용하던 프로그램에서는 서류의 페이지는 연속성이 있는 것으로만 되어있었다. 그런데 제약회사들이 임상 시험에 사용하는 CRF라는 서류는 같은 페이지가 반복될 수도 있을뿐만 아니라 건너뛸 수도 있는 독특한 서류였다. 각 페이지 번호 자체에 의미를 부여했기 때문이었다. 이것을 통해 ISI는 일반과는 구별된 독특한 서류의 개념을 도입하게 되었다. 이것이 회사 급성장에 결정적인 역할을 하게 되었다.

회계 관리

회계는 기업의 재무 상태와 경영 성과를 기록, 분류, 요약, 분석, 보고하는 과정을 말한다. 회계는 재무 정보를 수집하고 이를 기반으로 이해 관계자(경영진, 투자자, 채권자 등)에게 유용한 정보를 제공하는데 초점을 둔다. 회계를 이해하기 위해서는 계정과목을 이해하는 것이 필요하다.

대분류	설명	예
자산	회사가 소유하고 있는 경제적 자원	현금, 매출채권, 재고자산, 건물
부채	회사가 갚아야 할 채무나 의무	매입채무, 단기차입금, 사채
자본	자산에서 부채를 뺀 순자산	자본금, 이익잉여금, 자본잉여금
수익	회사의 영업 활동에서 발생한 수입	매출액, 이자수익, 배당수익
비용	수익을 창출하기 위해 발생한 비용	매출원가, 판매비, 급여, 감가상각비

수익의 종류에는 다음과 같은 것이 있다.

종류	설명	예
매출액	제품 판매 또는 서비스 제공을 통해 발생하는 주요 수익	제품 판매액, 제공한 서비스 대가
영업외 수익	기업의 주된 영업 활동 이외의 활동에서 발생한 수익	이자수익, 배당수익, 임대수익, 환율차익
기타 수익	영업 활동이나 투자 외의 일시적 또는 부수적 수익	자산 매각 차익, 보험금 수령

비용의 종류에는 다음과 같은 것이 있다.

종류	설명	예
매출원가	제품이나 서비스의 생산에 관련된 직접 비용	직접 재료비, 직접 인건비, 제조 간접비 (예: 전기, 기계 유지비)
판매비와일반 관리비	크게 판매비와 일반 관리비(기업의 전반적인 경영과 관리에 소요되는 비용)로 구분됨	판매비는 광고비, 영업사원 급여, 배송비 등이고 일반 관리비는 임원 및 관리직 급여, 사무실 임대료, 행정 비용, 전기 및 유틸리티, 법률 및 회계 서비스 비용, 보험료, 기타 관리 비용

매출총이익은 수익에 매출원가를 뺀 것이고 영업이익은 매출총이익에 일반 관리비를 뺀 것이고 순이익은 모든 비용과 세금을 차감한 최종 금액이다. 손익 계산서는 기업의 일정 기간의 수익, 비용, 이익을 나타낸다. 이것은 기업의 재무 성과를 분석하고 수익성과 경영 효율성을 평가하는 데 중요한 역할을 한다.

대차대조표는 기업의 특정 시점의 재무 상태를 나타내는 재무제표이다. 이는 기업이 보유한 자산, 부채, 자본을 기록하여 재정적 건정성과 경영 상태를 평가할 수 있도록 한다. 대차대조표는 1) 자산(유동자산, 비유동자산), 2) 부채(유동부채, 비유동부채), 3) 자본(자본금, 이익잉여금)으로 구성되어 있고 자산=부채

+자본으로 계산된다.

소유권

소유권은 회사의 가장 중요하고 기본적인 요소이다. 소유권으로 회사의 대표를 결정할 수 있기 때문이다. 회사 지분을 가진 사람이 회사 이사진을 선택하고 이사진이 회사의 사장을 결정한다. 회사가 이익을 내면 이익 일부분을 주주에게 배당한다. 이렇게 소유권을 갖는다는 것은 책임을 진다는 의미이기도 하다. 창업 회사의 종류에 따라 책임의 한계와 세금에 대한 부분이 다르기에 이에 관한 충분한 고려를 한 후 창업 목적에 따라 제일 적합한 회사의 형태를 선택해야 한다. 그래서 창업할 때 회사의 존재 목적을 고려해야 한다. 창업자 가족의 생계를 목적으로 하는 것과 회사를 성장시켜 사회에 영향을 끼치려는 목적을 가진 회사는 종류가 달라야 하기 때문이다.

소유권을 느끼는 시점
소유권이 회사에서 의미있으려면 회사가 손익분기점을 지

나야 한다. 손익분기점을 지나야만 회사 이익의 일부를 배당할
수 있기 때문이다. 배당금을 받기 전에는 소유권을 갖는다는
의미를 인지하기 어렵다. 긱섬은 창업한 지 4년 후 손익분기점
을 지나게 되었고 이익금 일부를 캐나다 원주민을 포함한 주주
에게 배당했다. 그때 비로소 회사 주식을 소유하고 있던 원주
민들이 자기가 회사의 소유주라는 것을 인식하게 되었다.

소유권 초기 배분

회사 창업 초기에는 창업한 회사에 대한 기여도에 따라 지분
을 배분하게 된다. 이는 투자금이 될 수도 있고 기술력이 될 수도
있고 관계가 될 수도 있다. 나는 긱섬을 설립하면서 20만 달러를
투자한 뒤 10만 주의 주식을 할당받았고 원주민 두 명에게 그들
이 가진 관계성의 가치를 인정하여 각각 1만 주의 주식을 주었
다. 총 발행한 주식은 12만 주로 만약 금전적인 것만 고려한다면
주당 2달러로 계산되어 회사의 총 가치는 24만 달러가 된다.

추가 주식 발행

회사가 추가적인 자금이 필요하면 추가로 주식을 발행하게

된다. 그러면 총 발행한 주식이 증가하기에 주당 가치는 희석될 수 있다. 물론 가치가 발행한 숫자에 비례해 증가한다면 큰 문제는 없다. 만약 추가 투자를 받는다면 현재 회사의 가치를 측정할 수 있어야 한다. 추가로 주식을 발행할 경우 기존 주주에게 우선적 선택권을 주는 것이 보편적이다.

회사의 가치 산정

회사의 가치를 결정하는 데는 여러 가지 방법이 있다. 순자산 가치Book Value, 순이익 기반 평가PER 적용, 매출 배수법 등이 있다. 중요한 것은 사려고 하는 사람과 팔려고 하는 사람이 동의하는 가격이 실제 판매 가격이다. 예를 들면 긱섬의 경우 매출액이 30만 달러일 경우 매출 배수법을 적용하여 1.5로 계산하면 회사 가치는 45만 달러의 가치가 되고 회사 순이익이 5만 달러이고 PER를 10으로 하면 총 가치는 50,000×10 = 50만 달러의 가치가 된다. 이 두 가지를 고려할 경우 회사 가치는 45만달러에서 50만달러 정도가 되는 것이 합당하다.

스톡옵션

일반적으로 스톡옵션은 중요한 직원들을 회사에서 계속하여 일하게 할 목적으로 주는 혜택 중 하나이다. 스톡옵션은 회사의 가치가 지속해서 증가하며 성장 가능성이 크다면 적합하다. 만약 회사가 정체 상태라면 이 옵션은 별 의미가 없다. 스톡옵션을 할 때는 반드시 회사의 가치를 결정해야 한다. 결정된 가치가 실제 가치보다 낮으면 기존 주주에게 부정적인 인상을 주고 결정된 가치가 실제 가치보다 높으면 스톡옵션 자체가 큰 의미가 없게 된다.

자사주

기존 주주가 회사를 떠나게 되면 회사의 자금으로 그 주식을 살 수 있다. 이 경우에 매입한 주식은 어떤 개인에게 소유되지 않고 회사가 소유한 주식이 된다. 이 주식에는 배당금을 배당하지 않는다. 그리고 이 주식은 회사원에게 보너스로 줄 수도 있고 판매할 경우 그 자금은 회사에 자산으로 들어오게 된다.

ISI 회사를 경영하면서 회사의 중역이 퇴사할 때 그가 갖고 있던 주식을 사들여 나중에 회사의 중요한 직원들에게 주식 보너스로 지급했다.

주식 이전 시 주의해야 할 일

회사를 설립할 때 주식에 관한 지식이 거의 없었다. 초기에 회사 설립에 자문역할을 맡았던 분과 회사 지분에 관한 이야기는 나눴지만 기대했던 프로젝트가 성공하지 못해 결국 나 혼자 회사를 경영하게 되었다. 그 후 옛 상사와 동료가 지분배당을 조건으로 회사 설립에 투자했지만 이런저런 문제로 손을 떼 버렸다. 그 결과 회사 초기에는 내 의도와는 무관하게 회사의 모든 주식이 내 소유가 되었다.

회사가 성장함에 따라 나의 지분을 회사의 요직을 맡아 열심히 근무하던 직원들에게 할당해 주었다. 회사를 경영한 지 5년이 지난 시점에 나는 1차로 내 주식의 10%를 핵심 간부직원 다섯 명에게 배분해주었다. 그리고 10개월 후에는 같은 직원 다섯 명에게 12.5%를 추가로 배분해주었다. 원래는 2년이 지난 후에 그 결과에 따라 결정하려 했지만 1년밖에 지나지 않은 시점에서 나머지 주식을 그들에게 배분해준 것이다. 가장 큰 이유는 그들을 시험하기보다 내 쪽에서 먼저 내 직원들을 믿기로 작정했기 때문이었다. 결과적으로 핵심 직원 다섯 명에게 22.5%를 배분해준 것이다.

회사의 판매 성과를 높이기 위해 부사장 한 명을 영입했다. 그는 회사 지분의 30%를 요구했지만 10% 정도로 합의했다. 입사 후 그는 우리가 과소평가했던 부분에 대해 제대로 된 평가가 이루어질 수 있도록 토대를 마련하는 데 중요한 역할을 담당했다. 오히려 실제보다 부풀리는 역할까지 했다. 그러나 2년간의 급성장 이후 다음 해에 성장거품이 걷히면서, 그 부사장이 더는 회사에 공헌할 수 없다는 판단에 권고 해임했다. 그리고 그가 소유한 주식은 회사에서 다시 매입한 후에 요직에 있던 직원들에게 보너스로 지급해주었다. 그때 새롭게 깨달은 사실은 주식을 배분할 때 개인 실적을 고려하되 일시에 분배하는 위험한 방법보다 시차를 두고 할당하는 것이 바람직하다는 것이었다.

그 후 마케팅 부사장에게는 2%의 주식을, 서비스 담당 이사에게 1%의 주식을 주되, 그중 절반은 1년 후에, 그리고 나머지 절반은 2년 후에 분배해주기로 약속했다. 그러나 6개월이 지난 후 나는 그들을 신뢰하고 약속한 주식 전부를 그들에게 미리 나누어 주었다. 마케팅 부사장은 4년 후에, 서비스 담당 이사는 2

년 후에 회사를 사직했다. 그러나 이미 그들에게 준 주식은 어쩔 수 없었다. 나중에 마케팅 부사장에게는 2%를 2회에 걸쳐 회사에서 매입했고 그 주식을 중요한 직원들에게 보너스로 지급했지만 내가 성급해서 저질렀던 실수는 돌이킬 수 없었다.

또 회사 직원은 아니었지만 회사의 성장에 공헌한 두 사람에게 주식의 4%를 지급했다. 물론 그들에게 주식을 배당함으로써 더 많은 공헌을 기대했지만 기대치에 미치지는 못했다. 주요 원인은 그들이 현역에서 물러나면서 영향력이 감소한 데다 회사 중역 간부들의 능력 향상으로 인해 그들의 도움이 필요하지 않았기 때문이었다. 나는 퇴사한 주주들로부터 매입한 주식을 4년간 50여 명에게 지급해 총 주식의 3분의 1을 회사에 공헌한 사람들에게 분배한 것이다.

회사 지분의 주식을 직원들에게 나누어 주면서 몇 가지 중요한 사실을 깨닫게 되었다. 첫째, 주식이란 주인의식을 심어주기 위함이 아니라 이미 주인의식을 갖고 일하는 직원에게 인센티브로 지급해야 한다는 것이다.

둘째, 주식을 줄 때는 시간과 조건을 명확히 해야 하며 그 조건을 불이행 시에는 취소할 수 있어야 한다. 입사 전과 입사 후에는 분명한 차이가 있기 때문이다.

셋째, 비록 나 자신이 몇몇 특정 개인에게 주식을 효율적으로 분배해주는 데 실패했다고 해도, 그 지분을 독점하지 않고 주요 직원들과 공유한 사실은 올바른 판단이었다고 믿는다. 주식을 직원들과 나눈 것은 회사의 성공이 나만의 노력에 기인한 것이 아닌 회사 직원들과 함께한 것임을 인정하는 표시이기도 하다.

마지막으로, 회사의 지분을 개인의 공헌도에 따라 공평하게 배분한다는 것은 쉬운 일이 아니다. 회사 초기의 지분 분배는 회사가 성장하는 데 필요한 사람에게 현금 대신할 방편으로 이루어진다. 창업 초기에 입사한 이들은 그만큼의 위험 요소를 감수한 사람들로서 그에 대한 합당한 보답을 받는 것이다. 프라이머의 권도균 대표가 "주식은 후불"이라고 한 이유가 충분히 이해된다. 이것은 너무 성급한 결정을 하지 말고 사람의 능력을 충분히 확인한 후에 결정하라는 의미이다.

핵심가치 세우기

✳

첫 번째 회사인 ISI의 핵심가치는 Integrity정직, Satisfaction 만족, Innovation혁신이었다. 회사의 중역들과 함께 모여 그동안 우리가 잘해 온 것이 무엇인지를 생각하면서 앞으로 어떤 가치로 회사를 경영해야 할 것인가를 고민하면서 결정했다. 실제로 회사 경영에 매우 중요한 역할을 했다. 그리고 슬로건 문구를 만들어 회사에 걸어 두었다.

"Integrity is our commitment, Satisfaction is our mission, Innovation is our way" 정직은 우리의 약속이고, 만족은 우리의 사명이며, 혁신은 우리의 방식입니다.

첫 번째 회사의 경험을 토대로 캐나다 원주민을 위한 회

선한 창업가

사 긱섬을 설립하면서 바로 핵심가치를 정했다. Integrity정직, Sharing나눔, Independency자립이다. 이 가치에는 원주민을 위한 회사라는 것이 고스란히 담겨있다. 그리고 이 가치가 지금까지 회사를 경영하는 데 중요한 역할을 했고, 앞으로도 그럴 것이다.

그럴 의무가 없음에도 불구하고

핵심가치가 보기 좋은 슬로건이 아니라 실제 회사를 경영하는 데 중요한 역할을 하고 있다는 것에 대해 내가 경험한 두 가지 이야기를 먼저 해 보려고 한다. 하나는 첫 번째 회사의 매각 과정에서 있던 작은 에피소드이고, 다른 하나는 두 번째 회사를 경영하며 경험했던 일이다.

회사 매각

나는 2010년 회사를 매각했다. 매각 과정에서 꽤 오랜 시간 매각 조건에 대해 논의했다. 그런데 매각이 진행되는 중에 회사를 자진 사임한 임원이 자신이 소유한 회사 지분을 팔고 싶다고 했다. 사임한 임원은 회사의 매각에 대해 전혀 모르고 있었다. 그러니 그가 원하는 지분 가격은 회사가 매각된 이후의 금액과 두 배 이상 차이가 났다. 하지만 사임한 임원에게 회사의 일급 비밀인 매각에 대해 알릴 이유도 없었고 심지어 개인적으로 그에게 섭섭한 마음도 있었다. 내가 그 지분을 매입하면 몇 개월 이후 두 배 이상의 이익을 얻을 수 있었다. 그 임원은 원하는 가격에 지분을 팔 수 있고, 나는 두 배 이상 이익을 얻을 수 있으니 누이 좋고 매부 좋은 일이 아닌가?

하지만 회사를 설립하며 가장 중요한 핵심가치라고 여겼고, 회사를 경영하는 동안도 언제나 중요하게 여겼던 가치인 '정직'을 회사를 매각하는 순간 외면하는 것은 그동안의 모든 과정을 부정하는 것이나 다름없었다. 그래서 나는 그 임원에게 사정이 있으니 조금만 기다려 달라고 부탁했다. 그리고 몇 달 후 회사가 매각되며 그는 자연스레 두 배 이상의 가격을 받을 수 있었다.

송이버섯

캐나다 원주민 마을에서 송이버섯 시즌이 되면 종종 벌어지는 일이다. 원주민들이 채집한 자연산 송이버섯이 바이어의 수

요보다 많으면 송이버섯 가격이 폭락한다. 송이버섯 가격이 폭락하면 원주민들의 수입이 줄어든다. 그러니 가격 폭락을 막아야 하고, 다른 바이어에게 팔리지 않은 송이버섯을 처리해 주어야 한다. 긱섭을 설립한 중요한 이유가 바이어들이 가격 폭락을 담합 해 원주민들에게 피해를 주기에 어떻게든 가격 폭락을 막아 보려는 것이었다. 그래서 생각해 낸 방법이 건조한 송이버섯 제품을 개발해 남은 송이버섯을 매입해 가격 폭락을 막는 것이었다. 문제는 송이버섯을 건조하면 식감과 향이 떨어지기 때문에 판매할 때 값이 자연산 생生 송이버섯보다 내려간다는 것이었다. 그래서 건조용 송이버섯의 가격과 생 송이버섯을 매입할 때의 수매 가격이 30퍼센트 정도 차이가 날 수밖에 없었다.

  꽤 오래전 캐나다 원주민 마을의 공휴일 때 있었던 일이다. 공휴일에는 대부분의 바이어가 송이버섯을 사들이지 않는다. 나도 특별히 송이버섯 주문이 있는 것도 아니어서 매입하지 않았다. 그런데 원주민 한 분이 밤늦게 긱섭을 찾아왔다. 모든 바이어가 문을 닫았는데 밤늦게 찾아온 것이 안쓰러워 건조용 송이 매입가로 채집한 송이버섯을 모두 구매했다. 그런데 송이버섯을 구매한 지 얼마 되지 않아 생 송이버섯 주문이 들어왔다. 건조용으로 산 물량을 생 송이버섯 가격으로 팔 수 있게 된 것이다. 당연히 긱섬에 송이버섯을 판 원주민은 이 사실을 알 리 없다. 게다가 그는 자신이 가져온 송이버섯을 휴일 밤늦게 구매해 준 것만으로도 감사해하며 돌아갔다. 하지만 그것은 기업의 핵심가치인 '정직'과 '공정'과 '세움' 모두에 어긋나는 일이었다. 그 원주민을 다시 불렀다. 그리고 30퍼센트의 가격을 더 해 100달러를 지급했다. 그 원주민은 눈물을 보였다. 그리고 그 이후 원주민은 송이버섯 시즌마다 다른 원주민들의 바람잡이 역할을 해서 송이버섯 매입에 많은 도움을 주었다.

회사의 핵심가치는 회사의 행동, 중요한 의사결정, 문화 그리고 전략적인 방향을 형성하는데 대단히 중요한 기준이 된다. 핵심가치는 단순한 슬로건이 아니라 회사의 존재 이유와 경영방식을 구체화하고 내부와 외부 이해 관계자들에게 회사의 정체성을 전달하는 역할을 한다.

헤세드

구약성경의 룻기 1장 8절에서 두 번이나 언급한 "선대하다"는 우리가 잘 아는 히브리어 "헤세드"라는 단어다. 우리가 "인애"라고 부르는 이 단어를 『요단강에서 바벨론 물가까지』에는 "한 믿음의 공동체에서 약한 자가 곤궁에 처했을 때 강한 자가 자발적으로 보이는 충성과 사랑"이라고 정의한다.

룻기에서 시어미 나오미는 이미 두 며느리에게 '인애'를 받았다고 말하며 '인애'를 돌려주려 하지만, 룻은 그 '인애'를 다시 시어머니에게 돌려준다.

'정직'은 룻기의 '헤세드'와도 같다. 그리스도인 사업가의 정직에는 하나님 앞에서 자발적으로 보이는 충성과 사랑이 함께 해야 한다. 그리고 약한 자가 우리 믿음의 공동체라는 생각이 있어야 한다. 다섯 달란트 받았다는 것은 특권이지만 그것은 세상 사람들이 누리는 특권이 되어서는 안 된다. 하나님이 내게 보여주신 '인애하심', '선대하심'을 기억하며 그것을 돌려주는 것이어야 한다. 그래서 '정직'은 '공정함'으로 그리고 '세움'으로 이어질 수밖에 없다.

나는 기독교 기업이라면 공통된 핵심가치가 꼭 필요하다고 생각한다. 프랑스 소설가 폴 브르제Paul Bourget는 "생각하는 대로 살지 않으면 사는 대로 생각하게 된다."고 했다. 기독교 회사가 기독교 정신을 담은 핵심가치를 세우지 않고 경영된다면 세상에서 어떤 방식으로든 돈을 벌어 이익만 남기면 된다는 여타의 다른 회사처럼 세상이 끌고 가는 대로 끌려가게 될 것이다. 내가 그동안 경험한 것을 기초로 생각한 기업인의 핵심가치는 Integrity정직, Fairness공정, Empowerment세움이다. 이 세 가지의 가치가 앞으로 회사를 창업하거나 이미 회사를 창업한 기독교 기업인들이 회사의 핵심가치를 세우는 데 도움이 되길 바라며 소개해 본다.

정직 Integrity

정직, 진실성이라고 번역할 수 있는 '인테그리티'에 대한 『옥스퍼드 사전』의 정의는 다음과 같다.

"정직하고 강한 도덕적 원칙을 갖는 특성"

"전체이고 나누어지지 않은 상태"

나는 두 번째 정의에 주목했다. 어떤 한 부분만 보는 것이 아니라 전체를 보아야 한다는 것이다. 이것은 완벽함을 의미하지 않는다. 일관성 있음을 의미한다. 구약성경 신명기는 "네 주머니에 두 종류의 저울추를 넣지 말라(신명기 25:13)"라고 말한다.

내 주머니에 "두 종류의 저울추"를 둔다는 것은 상대방을 속이려는 의도가 있다는 것이기에 일관성 있는 정직은 의도까지 정직해야 해야 한다.

안 해도 되는 일

나는 인테그리티를 이렇게 정의했다. 구약성경의 '헤세드'라는 용어의 정의와도 유사하다.

"안 해도 되는 것을 상대방의 입장에서 해주는 것"

정직이란 남을 속이지 않는 것에 멈추지 않는다. 정직이란 안 해도 되는 일을 하는 것이다. 정직이란 나만 알고 있고 상대방이 모르고 있는 것을 상대방의 입장에서 해주는 것이다.

정직하면 손해본다

많은 사람이 정직하면 손해 본다고 생각한다. 틀린 생각도 아니다. 정직하면 손해 본다. 손해 보지 않고 정직하게 사업하는 방법은 없다. 만약 정직하고도 손해를 보지 않는다면 누가 정직하지 않겠는가? 돈이 있는 곳에 마음이 있다. 성경에서도 "네 보물, 즉 돈이 있는 그곳에는 네 마음도 있다"고 말한다. 돈과 마음을 동일시하는 것이다. 다시 말하면 손해를 본다는 것은 마음을 준다는 것과 같다. 그런데 마음을 받은 사람은 언젠가 그 마음을 돌려주게 되어있다. 그러니 장기적인 안목에서는 절대로 손해가 아니다.

정직의 손익분기점

정직에도 손익분기점이 있다. 손익분기점까지는 손해이다. 그러나 그 손익분기점을 지나면 이익으로 돌아선다. 그 손익분기점이 개인과 나라와 인종과 분야에 따라 조금씩 변할 수 있다. 내 경험으로는 3년 정도가 지나야 한다. 그러니 3년 동안은 손해다. 그러나 3년이 지나면서 이익으로 돌아선다. 그러므로 장기적인 안목이 없이는 정직하기 어렵다. 창업해 사업을 시작해서 3년 이내에 사업을 그만둘 생각이면 정직하지 않은 것이 더 이익이다. 그러나 3년 이상 사업을 한다면 정직한 것이 더 이익이다.

내 경험으로는 경쟁하거나 거래하는 상대에게 손해를 보면서도 정직하면 첫 반응은 의아함이다. 그러나 두 번째로 정직하면 내 진정성을 믿게 된다. 이 시점이 손익분기점을 지나는 지점이다. 세 번째로 정직하면 처음에는 의아했던 상대방은 이제 다른 사람들에게 내 정직함을 알린다. 이 시점부터 이익으로 돌아서게 되는 것이다.

이렇게 이익을 보는 정직을 위해서는 적극적으로 정직해야 한다. 의도적으로 정직하도록 노력해야 한다. 상대방이 느낄 수 있도록 정직해야 한다. 거짓말을 하지 않는 정도로 정직한 것은 상대방이 느낄 수가 없다. 정직으로부터 이익을 얻지 못하는 것은 적극적으로 정직하지 않기 때문이다.

아무도 보는 이 없을 때 당신은 누구인가?

우리는 아무도 내가 하는 일을 보고 있지 않는다고 생각하기에 정직하지 않다. 다른 사람들이 보는 앞에서도 나쁜 일을 하는 사람은 많지 않다. 국세청이 보고 있다고 생각하면 세금 보고를 제대로 할 수밖에 없다. 나의 아내가 지켜보고 있다고 생각하면 다른 여자와 부적절한 관계를 맺을 수 없다. 정직은 누군가 나를 지켜 보고 있다고 생각할 때 가능해지는 것이다. 기독교인이 정직해야 하는 이유가 여기에 있다. 기독교인은 하나님이 나의 모든 행동을 보고 있다고 믿는 사람들이다. 하나님이 보고 계신 데 어찌 정직하지 않는 일을 할 수 있겠는가.

만약 기독교인 중에서 정직하지 않는 일을 하는 사람이 있다면 그것은 그가 하나님이 보고 계신 사실을 믿지 않기 때문이다. 만약 성직자가 정직하지 않는 일을 한다면 그가 비록 성직자라고 하더라도 하나님이 보고 계심을 믿지 않는 것이고 이는 하나님의 존재를 부정하는 행동이다. 이런 관점에서 본다면 제법 유명한 성직자 중에도 하나님을 진정으로 믿지 않는 사람들이 있다.

정직은 곱셈

노력이 덧셈이라면 정직은 곱셈이다. 아무리 큰 숫자라도 영을 곱하면 영이다. 그동안 아무리 열심히 일해서 쌓아 놓은 것이 많아도 정직하지 않으면 한순간에 무너질 수 있다는 말이다. 반대로 정직은 몇 배로 되돌려주기도 한다. 실수로 인한 손실을 마이너스라고 한다면 우리는 마이너스를 만회하기 위해 노력으로 플러스를 만들어 보려고 한다. 더 열심히 노력해 손해를 회복하려고 한다.

그런데 플러스에는 노력 말고 또 다른 방법이 있다. 마이너스에 마이너스를 곱하면 플러스가 된다. 실수로 인한 손해가 첫 번째 마이너스라면 여기에 스스로 손해 보는 두 번째 마이너스를 곱하는 것이다. 손해 배상을 먼저 해주는 것이다. 그리고 상대방이 모르고 있는 진실까지 모두 알려주는 것이다. 이 마이너스 곱하기는 상대방이 나를 신뢰하게 해주고 결국 나에게 큰 이익으로 돌아올 수 있게 해준다. 이와 관련해 두 번의 인상적인 경험을 소개해 보려 한다. 실수했어도 솔직히 인정하고 원하기 전에 손해 배상을 해 어 더 큰 이익이 된 사례이다.

1999년 ISI는 제약회사 화이자로부터 임상 서류를 전자문서로 변환시키는 3백만 달러 상당의 프로젝트를 수주했다. 대형 프로젝트를 제대로 소화하기 위해 소프트웨어를 업그레이드해야 했다. 그 과정에서 우리의 실수로 서비스에 문제가 발생했다. 나는 고객을 직접 만나 문제의 발생 사유에 대해 솔직하게 설명하고 양해를 구했다. 회사 이미지와 프로젝트의 규모를 고려한다면 우리의 실수를 고객에게 사실 그대로 알린다는 것은 망설일 수밖에 없는 일이었다. 그 후 우리는 발생한 문제에 대해 심혈을 기울인 결과 무사히 해결할 수 있었고, 그때부터 화이자는 우리 회사의 최대 고객 중의 하나로 자리 잡았다.

ISI는 서비스를 제공하던 제약회사 애보트로부터 서비스 품질에 대한 불만을 듣게 되었다. 내부조사를 했는데 일부 우리의 잘못도 있었지만 클라이언트 쪽에도 전혀 문제가 없었던 것은 아니었다. 하지만 시시비비를 따지지 않았다. 우리 회사가 실수한 부분을 파악한 후 그로 인해 발생한 클라이언트 회사의 손실을 계산했다. 그리고 수표를 발행해 보상을 요구하지 않은 클라이언트를 직접 찾아갔다. 마침 허리케인이 온다는 예보가 있던 때였다. 그래서 그 회사는 나의 방문을 더욱 특별하게 받아들였다. 나는 회사를 대신해 정중히 사과했고 서비스의 불만 사항에 귀 기울였다. 그 회사는 우리와의 거래를 지속적으로 이어갔다.

의도까지 정직해야

우리 크리스천은 사람에게만 정직한 것이 아니라 하나님 앞에서도 정직해야 한다. 인간은 다른 사람의 숨은 의도를 모른다. 그런데 하나님은 우리의 숨은 의도까지 잘 알고 계신다. 그러므로 하나님 앞에 정직하다는 것은 우리의 의도까지 정직하다는 말이다. 때때로 우리는 숨은 의도를 갖고 다른 사람에게 친절을 베푼다. 우리는 비기독교인을 전도할 목적으로 친절을 베푼다. 하지만 나의 의도대로 일이 진행되지 않으면 친절을 중단한다.

선교사는 선교할 목적으로 선교지에서 현지인에게 지나치게 잘한다. 그러나 내 의도대로 일이 진행되지 않으면 친절을 중단한다. 이러한 숨은 의도로는 신뢰 관계를 형성할 수 없다. 신뢰 관계를 형성하려면 겉과 속이 같아야 한다. 정직은 일관성이 있어야 하고 투명해야 한다. 그렇게 하기 위해서는 숨은 의도가 있으면 안된다. 정직이 하나님의 성품이기 때문이다.

기회

정직은 예상치 못한 다양한 사업 기회를 제공한다. 다시 말하면 우리에게 행운이 찾아오게 해준다. 행운은 느닷없이 찾아오는 것 같지만 꼭 그런 것만은 아니다. 정직을 통해 신뢰를 쌓아온 사람은 주변 사람들이 기회를 줄 수 있는 일이 있으면 정직한 이에게 기회를 주려고 한다. 그렇게 하는 것이 자신에게도 도움이 되기 때문이다.

방어막과 재기

정직은 그동안 쌓아온 것은 지켜준다. 사업하는 모든 사람은 실패를 경험한다. 정직하지 않은 사람은 실패를 경험하면 완전히 바닥을 쳐서 재기할 수 없게 된다. 아무도 그를 붙잡아주지 않기 때문이다. 그가 다시 재기하기를 원하지 않기 때문이다. 그러나 정직한 사람은 바닥을 치기 전에 멈춘다. 정직은 실패를 멈추게 할 뿐만 아니라 재기하도록 도와준다. 정직한 사람은 사업하는 동안 신뢰를 형성한 사람이다. 그와 신뢰 관계를 맺은 사람은 그가 망하도록 내버려 두지 않는다. 어떻게 하더라도 재기할 수 있도록 도와준다. 그것이 그들에게 도움이 되기 때문이다.

이익 창출

정직은 이익을 창출하게 한다. 정직했는데도 결과적으로 이익이 창출되지 않았다면 확실하게 정직하지 않았기 때문이다. 소극적으로 거짓말을 하지 않는 정도로는 정직을 통한 이익을 창출할 수 없다. 긱섬 매출액 중 3분의 2가 송이버섯 시즌에 일어난다. 사업이 성장하려면 이익률뿐만이 아니라 물량이 많아야 한다. 그러려면 송이버섯을 채집한 원주민들이 다른 바이어가 아닌 긱섬에 송이버섯을 팔아야 한다. 그래서 긱섬은 다음과 같이 송이버섯을 매입한다.

첫째는 같은 날에는 모두에게 같은 가격으로 구매한다. 만약 그날 중에 구매 가격을 인상했다면 인상하기 전에 온 사람들에게도 그 차액을 지급한다. 둘째는 만약 경쟁 업체가 긱섬보다 높은 가격을 준 사실을 알게 되면 같은 날 긱섬에 송이버섯을 판매한 원주민에게 차액을 지급한다. 셋째로 송이버섯 시즌이 끝나면 긱섬에 송이버섯을 공급한 사람 중 상위 20명에 한하여 판매한 송이버섯 총액의 5%를 특별 보너스로 지급한다. 이렇게 긱섬은 원주민들과의 신뢰를 쌓아왔다. 현재 긱섬은 원주민 마을에서 가장 큰 바이어다.

정직의 표현

정직은 투명성, 진정성, 말과 행동의 일치 그리고 책임감으로 표현된다. 이러한 표현이 되지 않는다면 소극적인 정직일 뿐이다. 적극적인 정직은 구체적으로 이렇게 표현되어야 한다.

가장 먼저 투명성인데 가장 중요한 것은 재정의 투명성이다. 돈이 투명하다는 것은 증빙이 어려운 현금을 사용하지 않고 증빙이 가능한 신용카드와 같은 방법을 사용하는 것이다. 두 번째는 숨은 의도를 갖지 않는 것이다. 아무리 좋은 일이라도 숨은 의도가 있으면 신뢰가 깨진다. 심지어 선교와 전도의 목적으로 잘

해 주는 것도 바람직하지 않다. 세 번째는 말과 행동이 일치해야 한다는 것인데 언행이 일치하지 않는 사람은 정직한 사람이 아니기 때문이다. 마지막은 책임감으로 실수했을 때 가장 중요하다. 실수를 인정하고 그것에 대한 책임을 지는 것이 정직한 것이다.

기독교인의 신뢰

2023년의 기윤실 조사에 의하면 한국인 4명 중에서 3명은 한국교회와 목회자를 신뢰하지 못한다는 결과가 나왔다. 신뢰한다는 응답은 21%에 불과했다. 이 신뢰한다는 응답에는 기독교인도 포함되었기에 기독교인을 제외하면 신뢰도는 아마 10%대일 것이다. 그러니 이제 전도를 방해하는 사람은 비기독교인이 아니다. 바로 우리 기독교인이다.

이것은 과정보다는 결과를 더 중요하게 여겼기 때문이라고 생각한다. "개 같이 벌어서 정승같이 쓴다"는 말처럼 어떻게 벌었어도 많이 헌금하고 선교하고 기부하면 된다는 생각 말이다. 헌금과 기부가 면죄부를 주고 있는 것이 현실이다. 이러한 상황에서 기독교인은 일반인들의 신뢰를 얻을 수 없다.

많은 기독교인 회사 사장들은 회사에서 예배드리는 것을 자랑으로 여기기도 한다. 하지만 이렇게 예배하는 것이 비기독교인에게 차별적인 행동이라고는 생각하지 않는다. 심지어 직원들에게는 정당한 월급을 지급하지 않으면서 선교에는 많은 돈을 기부한다. 그런데 이렇게 회사를 경영해서 헌금한 이들을 교회에서는 칭찬한다. 이런 것들이 세상 사람들에게는 이중인격자로 보여질 수밖에 없다.

사업하는 기독교인은 다른 기독교인에 비하여 상대적으로 많이 비기독교인들과 관계를 맺고 살아가게 된다. 그러기에 신뢰받는 사업을 통하여 비기독교인이 생각하고 있는 기독교인에 대한 부정적인 이미지를 개선할 수 있다. 이것이 곧 전도가 아닐까.

공정 Fairness

공평과 공정은 조금 다르다. 기회는 공평하게 주어져야 하고 이익은 공정하게 나누어야 한다. 사업에서 중요한 것은 공정함이다. 이익이 발생했을 경우 공헌도를 보지 않고 공평하게 이익을 나누는 것은 공정하지 않다.

20대 초반 한국에서 일했을 때 나는 정말 열심히 일했다. 하지만 당시의 봉급 체계는 개인의 성과에 따른 성과제가 아닌 근속 연차에 따른 호봉제였다. 내가 아무리 성과를 내도 그렇지 않은 직원과 급여 차이가 없었다. 이것은 공평했을지는 몰라도 공정한 것은 아니었다. 미국에서의 첫 직장은 이와는 반대였다. 철저히 성과 중심으로 봉급이 책정되었다. 나는 다른 사람보다 두 배 가까이 일했고, 매년 봉급이 30%씩 인상되었다. 직원들은 다른 직원의 봉급을 얼마 받는지도 모를 뿐 아니라 특별히 관심 두지 않았다. 일한 것만큼 봉급 받는 것이 당연했기 때문이었다. 나는 이것이 공정이라고 생각한다.

공정이 강조되지 않고 공평만 강조되면 열심히 일하고 성과를 내는 직원들이 회사를 떠날 수밖에 없다. 그리고 열심히 일하지 않는 사람들만 남게 된다. 공정한 과정의 결과는 다를 수 있지만 그 과정이 투명하고 공정해야 한다는 점이 중요하다. 즉 공정은 과정의 정의로움을 중요시하는 개념이다. 기회는 공평하게 주어져야 하지만 결과는 공정하게 배분되어야 한다.

이익의 분배

회사는 이익이 발생하면 이익을 발생하게 한 원인을 파악하여 공정하게 이익을 배분하는 것이 필요하다. 많은 회사는 이익이 발생하면 회사의 소유권을 가진 사장이나 임원들이 모든 이익을 가져가는 것을 당연하게 여긴다. 그러나 이익을 발생하게한 주체가 일반 직원에게도 있다는 것을 인정한다면 공정하게이익을 나누는 것은 대단히 중요하다. 이렇게 되면 회사의 직원은 주인의식을 갖고 더 열심히 일해 회사에 더 큰 이익으로 돌려주기 때문이다.

첫 번째 창업한 회사에서는 초창기에는 이익의 대부분을 회사의 성장을 위한 재투자에 사용했다. 그리고 회사가 안정권에진입하며 이익의 3분의 1은 저축하여 재투자에 사용했고, 3분의 1은 주주들에게 배당하고, 3분의 1은 직원 전체에게 공정하게연말 보너스로 지급했다.

공급자와 사용자 간의 균형

사업은 균형이 중요하다. 한쪽으로 치우치면 안 된다. 아무리선한 일이라도 치우치지 않으려고 애써야 한다. 지나치게 잘해

주는 것은 상대방을 무기력하게 만들기 때문이다. 모든 사업은 공급자와 사용자가 있고, 이 둘의 균형을 잘 맞춰야 한다. 한쪽에 치우치게 되면 다른 한쪽이 피해를 본다. 그러나 만약 꼭 한쪽 편을 들어야만 한다면 약한 편을 들어야 한다. 그것이 하나님이 원하시는 것이기 때문이다.

긱섬의 공급자는 산에서 송이버섯을 채집해 오는 원주민을 비롯한 현지인이다. 그리고 소비자는 긱섬에서 상품을 사가는 밴쿠버에 있는 고객이다. 긱섬의 공급자인 현지인은 채집한 송이버섯을 비싸게 사주길 바란다. 그런데 소비자인 밴쿠버의 고객은 싼 가격을 원한다. 이 경우 긱섬은 누구의 편을 들어야 하겠는가? 평상시의 경우 긱섬은 어떤 한 곳에 편을 들지 않는다. 균형을 지키려고 노력한다. 긱섬은 원주민을 위한 회사지만 원주민 편만 들지 않는다.

만약 긱섬이 다른 경쟁 바이어에 비하여 터무니없이 높은 가격으로 송이버섯을 구매할 경우 긱섬의 대표인 나는 원주민들에게는 좋은 사람으로 평가받을지 모르지만 다른 문제가 발생한다. 긱섬이 구매한 송이버섯을 다 팔지 못하면 손해가 발생해 구매 물량이 제한된다. 이 경우 어떤 사람의 것은 사주고 어떤 사람의 것은 사주지 못하는 불균형이 일어난다. 그리고 긱섬이 너무 좋은 회사라고 칭찬받으면 다른 바이어를 나쁜 사람으로 만들게 된다. 이것 또한 사업에서 바람직한 일은 아니다.

하지만 송이버섯의 가격이 폭락하기 시작하면 원주민의 편을 들려고 애쓴다. 그래서 여러 가지 방법을 동원하여 가격 폭락을 막으려고 한다.

공평한 기회

직원을 고용할 때 기회는 공평하게 주어져야 한다. 나의 경험에 의하면 실제로 같이 일해 보기 전에는 그 사람을 판단하기 어렵다. 기독교인 사장이라고 해서 기독교인에게 더 많은 기회를 주는 것도 바람직하지 않다. 교회는 교인에게 세상에서 바르게 살아가는 방법에 대하여 제대로 가르쳐주지 않았다. 그러니 기독교인이라는 이유만으로 일을 더 잘할 리 없다. 또한, 비기독교인이 기독교인에게 더 많은 기회가 주어졌다는 것을 알게 되면 그들은 이것이 불공평하다고 느낄 것이고 이것은 오히려 선교에 방해가 될 것이다.

나눔

우리는 나눔의 삶은 선한 일이라 생각한다. 하지만 그렇게 쉬운 일은 아니다. 왜 나누는 삶이 쉽지 않을까? 내 소유가 나의 노력만으로 얻어진 것이라고만 생각하기 때문이다. 내 소유가 나의 노력만으로 된 것이 아니라 다른 사람들의 노력으로 된 것이라는 이해가 있다면 나눔의 삶이 어렵지 않다.

첫 번째 회사를 대기업에 전략적 인수 과정을 통해 매각한 후 내가 회사에 얼마나 공헌했는지 회사의 입장에서 계산해 보았다. 그 결과 내가 개인적으로 회사에 공헌한 것은 약 36.5%라는 계산이 나왔다. 다시 말하면 3분의 2는 나의 노력에 의하지 않았다는 결론에 도달했다. 그러니 내 소유를 나누는 것은 어려운 일이 아니다. 모든 것이 하나님의 것이라고 말만 하는 것보다 나의 것은 나의 것이라 하고 나의 것이 아닌 것은 나의 것이 아니라고 생각하는 것이 필요하다.

회사 내에서의 종교 활동

나는 개인적으로 회사 내에서의 종교 활동을 반대한다. 가장 큰 이유는 비기독교인에게 공평하지 않기 때문이다. 회사에서의 종교 활동은 비기독교인에게는 종교적 차별이 될 수 있다. 또 다른 이유는 회사의 종교 활동에 적극적으로 참석하는 직원이 업무를 잘 수행하지 못할 때 해고하는 것이 어려워진다. 회사 직원은 회사 업무가 아닌 성경 읽기와 같은 신앙적 행위를 가능한 하지 말아야 한다. 만약 하더라도 티를 내지 않도록 해야 한다.

나는 ISI 회사를 경영할 때 회사 내에서 종교 활동을 하지 않았다. 다만 매주 월요일에 있는 최고 간부 회의는 미리 양해를 구하고 기도로 시작했다. 기도하는 이유는 어려움이 닥쳤을 때 전능자의 도움이 필요하다는 생각 때문이라고 설명했다. 그리고 다른 종교를 가진 사람들도 자신의 방식으로 기도해도 좋다고 했다. 어떤 사람은 회사 안에서의 예배를 하나님의 나라가 직장에서 이루어지는 것으로 생각한다. 그러나 진정한 하나님 나라는 하나님의 통치를 보여주는 것이어야 한다. 회사 내에서 공의와 공정함을 보여주는 것이 하나님 나라가 회사에 임하게 하는 것이다.

세움 Empowerment

회사가 성장하기 위해서는 능력 있는 사람이 스스로 판단하여 일할 수 있도록 책임이 위임되어야 한다. 사장은 사장의 일에 집중하면 된다. 사장이 자기 역할에 집중하지 못하고 직원의 일을 하면 회사 성장에 결정적인 방해 요소가 된다. 책임을 위임하지 못하는 이유 중 하나가 사장이 모든 일에 탁월한 능력을 발휘하려는 욕심 때문이다. 나도 처음 창업한 회사의 직원이 100명이 되어서도 직접 프로그램 코딩을 했다. 당연히 그 어떤 직원보다 잘했기 때문이다. 하지만 프로그램 코딩과 사장 직무를 동시에 하는 것은 불가능했다. 코딩에 집중하기 위해서는 사장의 업무를 중단해야 했고 사장의 업무를 할 때는 코딩을 할 수 없었다. 그리고 어떤 순간 내가 하는 일이 회사 성장에 큰 방해가 된다는 것을 알게 되었다. 이 깨달음이 내가 하던 코딩을 연구개발 담당자에게 위임하는 계기가 되었다.

회사가 지속해서 견고하게 성장하려면 주인의식을 갖고 스스로 일하는 직원들이 많아야 한다. 그렇지 않으면 회사가 위기에 처하였을 때 쉽게 무너지게 된다. 회사에는 다른 직원들과 다르게 주인의식을 갖고 일하는 직원들이 있다. 그래서 이들이 회사의 주인이라고 느끼도록 하지 않으면 회사를 떠나게 된다. 더 좋은 조건을 받고 이직을 하거나 동종 업계에서 창업한다. 주인의식을 느끼게 해주려면 회사의 지분을 주거나 매년 이익금의 일부를 나누어 줄 수도 있다. 몇몇 회사의 대표들이 이런 불평을 하곤 한다. 직원을 열심히 키워 놓았더니 회사를 그만두고 경쟁 회사로 가거나 경쟁자가 되었다는 것이다. 나는 그 대표에게 묻고 싶다. 그들이 주인처럼 일했다면 그들을 주인 대우를 해주었냐고 말이다. 직원이 주인처럼 열심히 일했는데도 주인 대우를 주지 않으면 그들이 스스로 주인이 되는 것은 너무나 당연하다.

핵심가치 세우기

신약성경 마태복음에서 예수님은 제자들에게 세상에 나가서 살 때 "뱀 같이 지혜롭고 비둘기 같이 순결하라"라고 말씀하셨다. 나는 이 이야기가 사업하는 사람에게도 적용된다고 생각한다. 여기서 "뱀 같이 지혜롭다"는 말은 상황을 고려해서 행동하라는 뜻이고 이와 동시에 "비둘기 같이 순결하라"는 것은 사업의 핵심가치를 지키면서 살라는 것으로 이해했다. 세상의 가치에 물들지도 말아야 하지만 세상 속에서 현실을 냉정하게 바로 보고 살아가라는 의미이다.

정답보다는 해답

핵심가치를 실제로 실천하는 데는 많은 어려움이 있다. 현실의 상황을 고려하지 않은 교과서적인 정답 위주의 방법은 진정한 해결책을 제공해주지 못한다. 그래서 정답보다는 해답이 필요하다. 해답을 찾기 위해 제일 먼저 필요한 것은 상황을 판단하는 것이다. 아무리 정답이라고 해도 그것이 해결책을 제공해 줄 수 없다면 아무런 의미가 없다. 최선책이 없으면 차선책을 찾는 것이 사업에는 더 도움이 된다. 그리고 최선책에 접근하려고 노력하면 된다. 내가 생각하는 정답과 해답에 대한 예를 들어 보려고 한다. 상황을 고려하지 않은 문제에 정답은 문제를 근본적으로 해결하지 못한다.

- 질문 : 나는 외부로부터 주문받아 납품하는 봉제업을 한다. 그런데 회사의 매니저가 주문이 들어온 것보다 많은 물량을 생산하고 있었다. 주문 들어온 양은 납품하고 추가로 생산된 제품은 매니저가 다른 곳에 판매해 추가로 수익을 올리고 있었다. 그래서 이는 정직하지 못한 일이라고 하였더니 매니저는 업계의 관행이라고 한다. 어떻게 하면 좋을까?

- 정답 : 매니저가 정직하지 않았으니 해고한다. 이 같은 결정이 회사에 당장 타격을 준다고 해도 회사는 정직의 가치를 지키기 위해 순교하는 심정으로 처리해야 한다.
- 해답 : 중요한 것은 왜 이런 관행이 생겼는가 하는 것이다. 만약 이런 관행이 생긴 원인이 작은 봉급 때문이라면 관행에 의해 생기는 추가 이익만큼 정식으로 봉급을 인상하여 주고, 앞으로는 부정직한 관행을 버리고 정직하게 일할 수 있게 해주는 것이다. 만약 그래도 이 같은 일이 반복되면 그때는 과감한 해고를 하는 것이 바람직하다.

소그룹 모임

나는 경영학을 전공하지 않고 창업해 회사를 경영했다. 그리고 창업 후 8년이 지나 경영학을 공부하며 내 부족함을 채우게 되었다. 반면에 내가 생각해왔던 방법 중 상당 부분이 틀리지 않았다는 것도 확인할 수 있었다. 그래서 나는 진심으로 바르게 사업하기 원하는 사람들이 모여서 머리를 맞대고 고민한다면 회사를 경영하며 만나는 거의 모든 문제가 해결 가능하다고 생각한다. 이 소그룹은 서로 간의 신뢰를 기본으로 해야 한다. 신뢰가 없는 상태에서 좋은 해결책을 논의할 수는 없기 때문이다. 그리고 최선책이 불가능하다면 차선책을 찾으려고 노력했으면 한다. 핵심가치에 반하는 것을 정당화하려는 것이 아니라 어떻게 핵심가치에 접근하는가를 논할 수 있는 소그룹이었으면 한다.

결과적 가치

핵심가치를 실천하는데 가장 큰 장애물은 핵심가치를 실천하는 것은 도덕적이지만 경제적으로는 손해라는 생각이다. 물론 눈앞의 작은 이익의 관점에서만 보면 그렇게 보일 수도 있다. 그러나 사업은 눈앞의 이익보다 당장 손해를 보는 것 같아도 규모를 키우는 게 대단히 중요하다. 이익률이 조금 낮더라도 파이 자체를 크게 할 수 있다면 결과적인 측면에서는 더 유리할 수 있다. 핵심가치를 지키면 파이는 커지게 되어있다. 규모가 커지면 영향력도 커질 수 있고 이익률 또한 증가할 수 있는 계기가 마련된다.

정직을 지키면 장기적인 관점에서 회사에 도움이 되고 공정하게 회사를 경영하게 된다, 그러면 회사의 지분을 주인의식을 가진 사람들에게 나누어 주게 되어 그들이 더 주인처럼 일해 회사를 성장시켜 회사의 대표에게도 더 큰 이익을 가져다준다. 다시 말하면 핵심가치를 지키는 것이 도덕적으로만 좋은 것이 아니라 결과적으로도 좋다는 것이다. 이것을 경험하면 핵심가치를 지키는 일은 어렵지 않은 일이 된다. 그래서 핵심가치를 실천하려면 장기적인 안목이 있어야 한다. 핵심가치를 실천하며 결과적인 이익을 경험하기 시작하면 핵심가치는 기업의 습관이 될 것이다.

지속성

기독교 기업인이 행하여야 할 것 중 하나가 이익만 추구하는 것이 아니라 사회적 책임을 담당해야 한다. 그런데 한가지 주의해야 할 것이 있다. 이 사회적 책임에는 지속성이 포함되어 있어야 한다. 만약 내가 하는 선행이 지속적이지 않으면 사회적 책임을 다하는 것이라고 볼 수 없다. 만약 우리가 손실이 있는데도 빚을 내서라도 자선을 멈추지 않는다면 이는 지속성에 심각한 문제가 촉발되어 궁극적으로 사회적 책임을 다하지 못하게 된다. 비기독교인은 기독교인이 지속성을 고려하지 않고 베푸는 선행에 대하여 신뢰하기보다 오히려 신뢰를 잃게 만든다. 기독교인이 숨은 속셈을 가지고 그러한 행동을 한다고 생각하기 때문이다.

회사를 경영할 때 먼저 기억해야 일

✳

세상은 항상 변한다. 회사를 경영하는 환경도 항상 변한다. 이 변화에 잘 적응하지 못하면 살아남지 못한다. 위기는 반드시 기회를 동반한다. 나는 변화에 대한 통찰이 담긴 스펜서 존슨 Patrick Spencer Johnson의 『누가 내 치즈를 옮겼을까?』를 감명 깊게 읽었다. 이 책은 우리가 살아가며 행복과 성공을 가져다주는 것 중에서 사업, 직장, 돈과 같은 문제에 대한 통찰을 준다.

이 책에서 행복과 성공을 상징하는 치즈가 사라지자 등장인물들 모두는 변화에 직면할 수밖에 없었는데, 이때 '허'가 이런 변화 앞에서 이렇게 말한다.

"두려움 때문에 아무것도 할 수 없었던 과거의 잘못을 반복하고 싶지 않았다."

등장인물들은 변화 앞에 두려워한다. 하지만 두려움이 오히려 성장 기회라는 것을 깨달아 간다. 이 책은 변화 앞에 성장해가는 것에 대해 이렇게 말한다.

"두려움 때문에 아무 일도 하지 않는 것은 더 위험하다는 생각
이 들었다."

이 책의 등장인물 중에 어떤 캐릭터는 치즈가 사라진 것에 대해 두려워하고 불평한다. 또 다른 캐릭터는 변화를 받아들이고 새로운 방향으로 나아가며 작은 행동을 통해 조금씩 성장해간다. 변화 앞에 주저앉아있는 것이 아니라 무언가 행동하는 모습을 이 책은 이렇게 말한다.

"참고 견딘다고 해서 얻어지는 것은 아무것도 없다는 사실을
뼈저리게 깨달은 지금, 필요한 것은 행동뿐이다."

사람도 자연도 변화를 싫어한다. 무언가 정지된 것을 움직이거나 움직이는 것을 멈추려면 많은 에너지가 필요하다. 그러니

변하는 세상에 맞서 행동하려면 두려울 수밖에 없다. 변화 앞에 두려운 것은 당연한 이치다. 두려움이 위험으로부터 나를 보호해 준다는 생각 때문이다. 이 책에서 저자는 변화라는 두려움을 극복하기 위한 첫 출발점과 같은 질문을 던진다.

"내가 만약 두려워하지 않는다면 어떻게 행동할까?"

이 질문 앞에 서면 복잡한 문제가 간단해진다. 변화하려고 하는데 나를 붙잡는 것은 무엇일까? 내가 만약 두려워하지 않는다면 어떻게 행동할까? 두려움은 안개와 같다. 두려움의 안개는 내가 움직이기 시작하면 사라질 것이다. 세상은 변한다. 사업 환경도 변화무쌍하다. 그런데 변화에 적응하지 못하면 살아남을 수 없다. 중요한 것은 어떻게 변화에 적응할 것인가이다.

실제로 사업을 시작해 회사를 경영하다 보면 많은 일에 직면하게 된다. 수많은 일 앞에 우리는 수많은 변화를 감내해야 한다. 두려움에 맞서야 한다. 이렇게 회사를 창업해 경영하며 직면하게 되는 문제를 이야기해 보려고 한다.

신뢰 쌓기

열심히 노력하면 자신과 가족들을 보살필 정도는 할 수 있다. 하지만 더 큰 성공을 원한다면 나만의 노력으로는 불가능하다. 그래서 신뢰는 사업 성공에 있어서 대단히 중요하다. 그러면 어떻게 신뢰를 형성할 수 있을까? 헨리 클라우드Henry Cloud가 쓴 『인테그리티』라는 책에는 신뢰를 형성하는 방법으로 공감, 기대 이상의 호의, 연약함이라는 세 가지를 언급한다.

공감

우리가 상대방과 공감한다는 것은 신뢰와 신용을 쌓을 수 있는 중요한 통로가 된다. 공감은 '상대방이 나를 이해하고 있다고 느낄 때' 형성된다. 서로의 의견이 달라도 상대방이 나를 이해한다고 느끼면 화가 나지 않는다. 그러나 상대방이 내 의견에 동의해도 나를 제대로 이해하지 못한다고 느끼면 긍정적인 관계를 맺기 어렵다. 다양한 사람들을 만나 대화를 나누다 보면 상대의 상황을 이해하려고 하지 않고 일방적으로 자기 이야기만 하는 사람들을 보곤 한다. 긍정적인 관계는 듣는 일에서부터 시작한다.

회사 전략회의 때 있었던 일이다. 한 간부가 어떤 이야기를 시작하면 말이 끝나기도 전에 'No'라고 말하는 간부들이 있었다. 그러다 보니 회의가 제대로 진행이 되지 않았다. 나는 No 대신 Yes, But으로 하자고 제안을 했다. 상대방이 말한 것 중 옳은 것을 먼저 긍정해Yes 주고, 나의 의견을 말하자But는 제안이었다.

기대 이상의 호의

상대방이 내가 기대하는 것을 넘는 호의를 베풀면 신뢰가 형성된다. 상대가 내 입장에 서서 생각해 줄 때 가능한 일이다. 흥미로운 것은 구약성경의 언어인 히브리어의 "바타흐Trust"라는 단어는 'care less'라는 의미라고 한다. 즉 내가 신경을 쓰지 않아도 된다는 말이다. 상대방이 나에게 신경을 써주기 때문이다. 만약 어떤 사람과 계약을 할 때 변호사를 통하여 계약서의 깨알 같은 글씨를 모두 확인해야 한다면, 상대방을 신뢰하지 못하기 때문일 것이다. 그러한 사람과는 필요 이상의 관계를 맺지 않는 편이 좋다. 자신의 이익에만 관심이 있고 상대방의 이익에는 관심 없는 것이 분명하기 때문이다. 사업하는 우리는 상대방을 무장해제 시킬 때 최선의 결과를 얻을 수 있다. 그렇지 않으면 신뢰 관계는 형성되지 않는다. 만약 어떤 계약을 했는데 나중에 확인해 보니 나에게는 일방적으로 유리하고 상대방에게는 일방적으로 불리하게 된 것을 발견한다면 그때가 '기대 이상의 호의'를 위한 최선의 타이밍이다. 가만히 있지 말고 상대방에게 먼저 공평하게 수정하자고 제안해야 한다. 이것이 상대방을 무장해제 시키는 것이다.

연약함

나의 연약함을 통하여서도 신뢰를 쌓을 수 있다. 이는 아이러니다. 물론 존경할 수 있어야 신뢰가 쌓인다. 하지만 완벽하기만 한 사람과도 진정한 신뢰를 쌓기는 어렵다. 완벽하기만 한 사람은 내 연약함을 이해해 줄 것 같지 않기 때문이다. 우리는 완벽함을 추구하되 완벽함은 포기해야 한다. 완벽을 추구한다는 것은 더 좋은 방법이 있음을 의미하는 것이고 완벽을 포기한다는 것은 다른 사람이 나보다 더 좋은 방법을 가지고 있다는 것을 인정하는 것이다.

우리는 누구나 다른 사람들처럼 실수한다. 중요한 것은 실수를 인정하거나 인정하지 않거나의 차이다. 나는 언제나 나의 실수를 페이스북에 올려 모두에게 알린다. 그러면 내가 잘한 것을 포스팅할 때보다 비교가 되지 않을 정도로 많은 "좋아요"를 받게 된다. 내 실수가 페이스북 친구들에게 공감이 되는 것 같다. 자신의 실수를 인정하고 드러낼 수 있는 사람은 어떤 사람일까? 아마도 다른 사람을 두려워하는 사람은 실수를 숨기려고 할 것이다. 그러나 자신감이 있는 사람은 실수를 숨기려고 하지 않을 수 있다. 사람을 두려워하지 않고 하나님을 두려워하는 사람은 자신의 연약함을 쉽게 드러낼 수 있다.

낙관론

"스톡데일 패러독스"라는 말이 있는데 비관적인 현실을 냉정하게 받아들이면서 희망을 잃지 않는 것을 의미한다. 제임스 스톡데일James Stockdale은 베트남 전쟁이 한창일 때 '하노이 힐튼 포로수용소'에 수용된 최고위 계급의 미군 장교였다. 스톡데일은 1965년부터 1973년까지 8년간 갇혀 있는 동안 20번 이상 고문을 받았고, 포로 권리도 없이, 정해진 석방 날짜도 없이, 가족을 다시 만날 수 있다는 확신도 없이 수감생활을 했다. 하지만 비관적인 현실을 냉정하게 받아들이면서도 이것이 내 삶에 큰 의미를 줄 것이라는 신념으로 냉혹한 포로수용소의 현실을 이겨내 결국 석방되었다.

『좋은 기업을 넘어 위대한 기업으로』의 저자 짐 콜린스Jim Collins는 석방된 스톡데일을 만나 인터뷰했다. 짐 콜린스는 어떻게 그렇게 어려운 시기를 극복할 수 있었는지 물었다.

"나는 이야기의 끝에 대한 믿음을 절대 잃지 않았습니다. 나는 내가 빠져나올 수 있을 뿐만 아니라 결국에는 이겨내고 그 경험을 내 인생의 결정적 사건으로 만들리라는 것을 의심한 적이 없었습니다."

짐 콜린스는 누가 살아남지 못했는지 한 번 더 물었다.

"아, 그건 쉽습니다. 낙관주의자들이요. 그들은 '크리스마스까지는 나갈 거야'라고 말한 사람들이죠. 그리고 크리스마스가 왔다가 지나갔어요. 그러자 그들은 '부활절까지는 나갈 거야'라고 말했죠. 그리고 부활절이 왔다가 지나갔습니다. 그리고 또 추수 감사절이 지나고 다시 크리스마스가 왔습니다. 그리고 그들은 상심으로 죽었습니다."

마지막으로 스톡데일은 매우 중요한 말을 했다.

"이것은 매우 중요한 교훈입니다. 결국 승리할 것이라는 믿음과 동시에 냉철한 현실을 받아들이는 일입니다."

스톡데일 패러독스는 왜 역설일까? 낙관론자들처럼 막연하게 언젠가는 좋아지리라고만 생각하면 냉철한 현실을 볼 수 없다. 반면 냉철한 현실에만 몰두하면 희망을 품을 수 없게 된다. 그래서 역설이다. 우리는 어려움에 직면하게 되면 하나님께 그 어려움을 해결해 달라고 기도한다. 막연하게 하나님께서 나의 기도를 들어줄 것이라고 믿을 뿐이다. 그래서 지금 내가 직면한 고난의 의미에 대해서는 깊게 생각하려 하지 않는다. 그러면서 내 기도가 응답되지 않았다고 느꼈을 때는 하나님을 원망하거나 아니면 계속 기도하면서 기다려 보기로 작정한다. 이런 태도가 정말 하나님께서 원하시는 태도일까? 하나님은 우리가 직면한 고난의 의미를 깨닫기 원하시지 않을까? 그 고난을 통해 우리가 성장하기를 원하시지 않을까? 고난에는 하나님의 선하신 뜻이 숨겨져 있다. 진정으로 하나님의 선하심과 섭리를 믿는 사람이라면 고난 속에서도 일하시는 하나님을 믿음으로 현실을 직시하면서도 희망을 버리지 않을 수 있는 것이다. 그러므로 진정한 기독교인은 '스톡데일 패러독스'를 실천할 수 있다. 고난이라는 냉철한 현실에 의미가 있음을 깨닫는 것, 그리고 하나님의 선하신 의도가 있음을 믿음으로 희망을 버리지 않는 두 가지 역설을 동시에 실천할 수 있을 것이다.

해고해야 하는 이유

함께 일해 보기 전에는 그 사람을 알 수 없다. 첫인상으로 사람을 판단하는 것은 불가능하다. MBA 과정에서 같은 그룹에 있던 두 사람을 회사의 중역으로 고용했었다. 두 사람 모두 유명한 회사에서 매니저로 일하고 있었다. 함께 공부할 때는 두 사람 모두 말도 잘하고 명석해 보였다. 그런데 함께 일하다 보니 내가 처음 생각했던 것과는 많은 차이가 있었다. 그래서인지 몰라도 나는 고용보다 해고에 대해서 할 말이 더 많다.

해고

고용보다 더 어려운 것이 해고다. 특히 나와 관계있는 사람의 해고는 정말 어렵다. 나는 같은 교회 교인으로 있던 직원을 해고했다. 친구도 해고했다. 친인척도 해고했다. 이렇게 해고할 때 중요한 것은 개인적인 감정을 단절하고 결정해야 한다는 것이다. 개인적인 감정이 들어가면 중요한 결정을 할 수 없다. 결정은 냉철해야 한다. 해고의 과정을 통해 발견한 사실 몇 가지 열거하고자 한다.

첫째, 해고는 신중하되 결정을 미루어서는 안 된다. 결단을 내리지 못하는 이유 중의 하나가 상대방에게 상처를 주지 않고 싶은 마음이라는 것은 이해하지만, 뒤로 미룰수록 해고당사자가 더 큰 타격을 받는다는 사실을 잊지 말아야 한다. 최대한 빨리 새로운 직장을 찾는 것이 본인과 회사 모두에게 최선의 길이다. 자기가 해야 할 일을 제대로 처리하지 못하는 사람에게 해고의 명분이 생겼을 때 절대 그 기회를 놓치지 말아야 한다. 한번 떠난 기회는 좀처럼 다시 오지 않는다.

둘째, 문제가 있으면 마음을 터놓고 솔직한 대화를 나누는 것이 꼭 필요하다. 회사의 사장과 사원들의 견해 차이로 대립이 예상된다면 이를 해소하기 위해 진솔한 대화가 전제되어야 한다. 그리고 절충안에 도달함으로써 합의를 보는 것도 중요하지만, 그런데도 원만한 해결에 도달하지 못한 경우라면 경고문을 보내어 정확한 의사 표시를 할 수 있어야 한다.

셋째, 부적합한 직원이 부적절한 위치에 있으면 그로 인한 피해는 다른 직원들의 몫이 된다. 그리고 이는 해당 당사자에 국한되는 지엽적인 문제로만 끝나지 않는다. 퇴직을 조건으로 심지어 1, 2년의 연봉을 추가로 지출하겠다는 각오로 직원을 교체해야 한다. 오히려 이렇게 하는 것이 피해를 최소화하는 방법이다.

넷째, 회사가 성장하면 회사에 몸담은 직원들도 성장해야 한다. 회사의 성장에 따라 자신의 위치에서 감당해야 할 몫도 커지기 때문이다. 회사의 기대치에 부응하지 못하는 직원들은 결국 다른 인력으로 대체되지 않을 수 없다. 그런 면에서 볼 때 나는 운 좋은 사람이다. 회사가 성장하면서 나를 직접 보좌하는 부사장들도 경영학을 공부하는 등 자기계발을 통해 회사 성장에 맞게 성장했기 때문이다.

다섯째, 해고를 결정하는 중요한 기준은 봉급대비 효율이다. 이때 꼭 명심해야 할 것이 있다. 회사가 직원에게 직접적으로 지불하는 금액만 계산하면 안 된다. 그 사람으로 인해 발생하는 모든 금액을 계산해야 한다. 만약 그 사람이 다른 직원의 시간과 에너지를 빼앗아 간다면 빼앗긴 직원의 시간에 대한 봉급도 포함해야 한다. 이 모든 것을 고려해서 가치가 있으면 해고하지 말아야 하고, 그렇지 않으면 해고해야 한다. 언젠가는 사람이 변할 것이라는 기대는 하지 않는 것이 좋다. 하나님도 사람을 강제로 변화시킬 수 없다고 하지 않는가? 하나님도 못하는 것을 내가 하려고 하지 말아야 한다.

여섯째, 해고를 한 사람과 나쁜 관계로 끝내지 말아야 한다. 그렇게 하기 위해서는 상대방이 기대한 것 이상을 해주면 된다. 내 친구를 해고할 때 3개월의 월급을 퇴직금으로 지급했다. 한 달 분은 회사에서 지급했고 두 달 분은 나의 월급에서 지급했다. 또한 나는 원주민 회사 긱섬의 매니저를 해고할 때 회사의 주식을 4분의 1 가격에 사도록 해주었다. 그래서 회사의 주주가 되게 해주었다. 이렇게 해고한 직원들은 지금까지 좋은 관계를 유지하고 있다.

해고할 때 상대방이 기대한 이상을 해주려면 내가 손해를 보아야 한다. 하지만 이 손해는 내가 비슷한 일로 다시는 실수하지 않게 해 준다.

경영한다는 것

✳

2006년 말 회사를 위한 개인적인 새해 목표를 세웠다. 내 시
간의 3분의 1을 클라이언트 회사 방문에 활용하겠다는 것이었
다. 이전에도 계획했던 일이지만 큰 성과를 거두지 못했다. 미국
의 제약 업계가 주 고객이어서 대부분 백인을 상대해야 했다. 그
러니 영어가 완벽하지 못한 나에게는 큰 부담이었고 두려움이
기도 했다. 그래서 더욱 분명한 목표를 정하고 마음을 단단히 먹
었다. 목표를 세우고 꾸준히 노력했고, 그해 40여 개의 클라이언
트 회사를 방문하게 되었다. 이를 계기로 무엇이든 이루고자 하
는 일에는 목표를 분명히 세워야 한다는 사실을 뼈저리게 실감
했다.

나는 클라이언트 회사를 방문할 때마다 파트너십에 관한 이
야기를 나누었다. 그리고 거래처로부터 우리 회사가 파트너처럼

느껴진다는 말을 자주 들었다. 이렇게 클라이언트 회사를 방문하며 얻은 소중한 소득이 있었다.

첫째, 클라이언트 회사를 몸으로 느낄 수 있었다. 이는 고객을 마음으로 느낄 수 있음을 의미한다. 나를 비롯한 우리 직원들 고객을 몸소 느낄 수 없다면 고객 또한 마찬가지일 것이다.

둘째, 직원들이 클라이언트 회사를 어떤 태도로 상대해야 할지 제대로 교육할 수 있었다. 나는 방문을 마치면 언제나 감사의 인사에 내 핸드폰 번호를 포함한 이메일을 보냈다. 이는 클라이언트 회사가 서비스에 불만이 있을 때 사장에게 직접 연락할 수 있기에, 담당 직원은 사장이 하듯 고객 서비스를 해야 한다는 압박이 되기도 했다.

셋째, 클라이언트 회사와의 대화의 장을 마련해주었다. 문제가 풀리지 않는 경우를 보면 대부분 고객과의 대화 단절이 문제였다. 만약 고객들이 우리 회사와 거래 중에 난감한 상황에 봉착해도 우리 회사는 언제나 최우선으로 대화할 수 있다는 확신을 줄 수 있었다.

넷째, 현재 제공하는 서비스 외에 다른 서비스를 판매할 수 있는 계기가 되었다. 그래서 클라이언트 회사를 방문한 것은 작은 솔루션을 통해 큰 솔루션을 판매하는 가교가 되었다.

다섯째, 새로운 시장과 새 상품에 대한 아이디어를 얻을 수 있었다. 고객의 고충을 듣는 것은 새로운 아이디어와 직결된다. 그 고충에서 비롯되는 새 아이디어는 고객에게 주인의식을 심어주고, 그 고객이 또 다른 잠재 고객을 우리 회사에 연결해주는 중계 역할을 하기도 한다.

창업한 회사가 손익분기점을 넘어서 안정권에 들어갔다고 해도 회사를 경영하다보면 창업과는 또 다른 변수와 어려움에 직면하게 된다. 노력하는 만큼 성장하는 것도 아니고, 큰 회사와 경쟁해야 하는 문제도 벌어지고, 얼마나 효율적으로 회사를 경영해야 할지 고민해야 하며, 전문적인 경영학 지식도 필요하다. 생각지 못한 위기도 넘어서야 하며 경쟁자를 파트너로 삼아야 하며 고객 관리에 철저해야 한다. 여기서는 회사를 경영하며 개인적으로 꼭 기억해야 할 것들을 정리해 보았다.

비선형 성장

회사의 성장 결과는 노력의 양과 언제나 비례하지 않는다. 노력한 양과 결과 사이에는 얼마간의 간격이 존재한다. 이 간격은 한동안 긴장으로 이어진다. 그리고 이 긴장이 점점 커지면 어느 한순간 브레이크가 일어난다. 그리고 갑자기 성장한다. 노력한 양이 겉으로 나타나는 결과와 간격이 없어서 이 긴장이 없다면 브레이크는 일어나지 않는다.

　사람들은 자기가 노력을 했는데 결과로 이어지지 않으면 더는 노력하지 않는다. 그러면 더 이상의 긴장은 일어나지 않는다. 물론 브레이크도 일어나지 않는다. 대부분의 성공한 회사는 이러한 브레이크를 여러번 거치면서 성장한다. 첫 번째 창업한 회사도 혼자 시작한 회사가 10명이 되는 데 5년이 걸렸다. 그런데 10명에서 100명으로 성장하는 데 만 2년이 걸렸다. 급성장이 일어나기 전 5년 동안 우리는 꾸준히 기술을 개발했고 미국과 유럽의 식약청과 관계를 유지하기 위해 애썼다. 노력한 만큼의 결과는 나타나지 않았지만 우리는 노력을 통해 긴장을 조성했다. 그 결과는 급성장이었다.

효율성

사업의 생존과 성장은 이익에 달렸다. 이익이 발생하면 재투자해 회사를 성장시킬 수 있다. 좋은 품질을 생산하기 위해서는 규격화된 프로세스가 필요하다. 하지만 사업 초기부터 프로세스를 최적화하기 어렵다. 다양한 시행착오를 거치며 불필요한 프로세스를 제거해 나가야 최적화 할 수 있기 때문이다. 그래서 사업을 진행해 가며 꾸준히 프로세스를 개선해야 한다. 이것이 효율성을 만들고 효율성이 경쟁력을 향상하고 더 큰 이익을 발생하게 해준다. 그러므로 꾸준하고 의도적인 프로세스 개선에 힘써야 한다.

효율성을 위한 가장 중요한 프로세스는 사람을 많이 고용하는 것보다 불필요한 고용을 줄이는 것이다. 불필요한 고용을 줄여 이익이 발생하게 하여 그 이익을 재투자하여 회사를 성장시키는 것이 우선이다. 그러면 장기적으로 더 많은 고용 창출이 가능해진다. 많은 선교 기업은 이익보다 고용 창출에 더 의미를 둔다. 그래서 효율성에 주의를 기울이지 않는다. 그리고 손실이 나는데도 해고하지 못하는 등 지출을 줄이지 못한다. 그리고 결국에는 사업을 중단하게 된다.

지출을 줄이는 것이 매출액을 늘리는 것보다 10배의 가치가 있다. 만약 순이익률이 매출액의 10%라고 가정하면 매출액을 100만 원 증가시켜야 순이익이 10만 원 증가한다. 그러나 지출 10만 원을 줄이면 순이익이 10만 원 증가하기 때문이다. 물론 꼭 필요한 지출은 해야 하지만 세부적으로 보면 지출이 불필요하거나 늦출 수 있는 항목이 분명히 있을 것이다.

경영학

나는 경영학 공부를 제대로 하지 않고 창업을 했다. 그런데 갑자기 회사가 급성장하니 내가 무엇을 모르는지조차 알 수 없었다. 그래서 창업 후 몇 년이 지난 후 2년간 경영학 공부를 하게 되었다. 공부를 마친 후 회사의 경비로 부사장과 연구개발 이사에게 내가 공부한 과정을 마치도록 했다. 회사가 성장한 이후에는 경영학 지식이 회사 경영에 필요하다고 생각했기 때문이다. 그러나 창업 초기에는 경영학이 오히려 회사 성장에 방해가 될 가능성이 크다. 대부분의 경영학은 창업 초기의 상태에 집중하지 않기 때문이다. 이는 내가 이 책을 쓴 중요한 이유이기도 하다. 대부분의 경영학은 회사가 안정적으로 성장 된 후의 상태에 집중한다. 그래서 창업 초기의 회사가 안정된 회사의 경영 방식을 적용하면 효율적으로 경영될 수 없고 오히려 성장에 방해가 된다.

위기 극복

모든 회사는 원하지 않는 위기에 직면한다. 위기는 회사에 치명적인 타격을 줄 수도 있고 기회가 될 수도 있다. 이는 무엇보다 사장의 리더십에 달려있다. 회사에 위기가 발생하면 리더는 냉철한 현실을 볼 수 있어야 한다. 막연하게 좋아질 것이라는 기대는 문제 해결에 걸림돌이 된다. 사장은 위기에 매몰되어서도 안되지만 낙관주의자가 되어도 안 된다.

회사에 위기가 발생하면 사장부터 자신을 희생시켜야 한다. 2005년 경영하던 회사가 위기를 맞이했다. 과도한 투자로 재정적 위기가 찾아왔다. 프로그램 개발에 장기간 투자했지만 이익이 발생하지 않은 데다 상대적으로 매출액이 적은 시즌과 맞물렀다. 간부 회의를 소집해 긴축 정책을 논의했다. 사장인 나는 30%, 부사장은 20%, 이사는 10%, 그리고 과장급은 5%씩의 월급 삭감을 제안했고 동의를 얻었다. 나는 전 직원 회의를 소집했다. 회사의 어려움을 알리고 월급 삭감에 대한 회의 결과를 공유할 목적이었다. 그런데 나는 직원들의 입장을 고려해 간부 회의 결정과는 조금 다른 수정안을 발표했다. 사장은 월급의 40%, 부사장은 10%, 그리고 나머지 간부와 직원은 월급을 삭감하지 않겠다는 내용이었다. 리더가 더 많은 희생을 해야 한다는 판단에서였다. 대신 모든 직원을 대상으로 비용 절감 안을 제시했다.

당시 10살 된 딸이 회사의 어려움을 눈치채고 눈물을 글썽일 정도였다. 나는 딸에게 나무의 나이테를 가리키며 이야기했다.

"은혜야, 이 나무의 짙은 색과 옅은 색이 무엇을 말해주는지 알고 있니? 짙은 색은 겨울에, 연한 색은 여름에 자란 것을 말해준단다. 추운 겨울이 있기에 나무는 이렇게 아름다운 나이테를 만들어 낼 수 있는 거야. 그러니까 아빠도 여름을 꿈꾸면서 이렇게 추운 겨울을 이겨내고 있는 거야. 이제 곧 봄이 오고 여름이 오면 아빠 회사도 이 나무처럼 멋지게 다시 성장할 거야."

딸은 그 일이 있던 직후부터 아침 기도 시간만 되면 회사를 위해 열심히 기도했다. 나는 회사가 어려워진 상황에서 고통을 분담하기 위해 휴가도 반납했다. 이런 노력 끝에 3개월이 채 되지 않아 회사는 위기를 완전히 극복했다. 그리고 부사장들에게 삭감했던 월급도 돌려줄 수 있었다. 물론 내 월급도 돌려받았다.

회사에 위기가 발생하면 사장은 '쇼'를 해야 한다. 쇼에도 좋은 쇼가 있고 나쁜 쇼가 있다. 자기 자신부터 희생하는 쇼가 좋은 쇼이다. 그래야 회사 직원들이 따르기 때문이다. 내가 이것을 쇼라고 하는 이유는 회사가 망하게 되면 제일 큰 손해를 보는 사람은 회사 사장이기 때문이다. 그리고 자신을 희생하는 쇼를 통하여 가장 큰 이익을 보는 사람도 사장 자신이다.

파트너십

나는 앞서 언급한 클라이언트 회사를 방문하며 파트너십에 대해서 많은 것을 느끼고 경험했다. 그래서 이에 대한 의미를 명확히 파악하기 위해 파트너십의 정의를 다음과 같이 정리해 보았다.

첫째, 파트너십이 있다는 것이 문제가 없다는 것을 의미하지는 않는다. 우리 회사와 파트너십을 느꼈다고 언급했던 회사도 과거에 우리 회사와 문제가 전혀 없었던 것은 아니었다. 문제가 발생했을 때 최선의 해결책을 염두에 두고 함께 머리를 맞대고 사태에 접근했다. 서로 책임을 회피하며 전가하기보다, 내 문제를 먼저 인식하고 받아들인 후 직면한 상황을 함께 극복해감으로써 파트너십을 형성해 갔다. 문제가 전혀 발생하지 않은 경우보다 오히려 발생한 문제에 대해 함께 고민하고 해결하는 과정에서 친숙한 관계가 형성된다. 오히려 고객과 모든 것이 완벽한 것 같으면 인간적인 관계를 형성하기가 어렵다.

둘째, 파트너십은 'Win-Lose'의 관계도 아니고, 'Lose-Win'의 관계도 아닌, 'Win-Win'의 관계라는 점이다. 만약 우리 회사가 상품을 판매해 많은 이익을 남겼는데 고객은 충분한 대가를 받지 못했다면, 그것은 우리에게는 'Win'이지만 고객은 'Lose'가 된다. 반면에 우리 상품의 가치에 비해 고객이 너무 저렴한 가격으로 구매해 우리 회사 경영에 손실을 초래했다면, 이는 고객에게는 'Win'이지만 우리 회사는 'Lose'가 된다. 이러한 일방적인 'Win'의 관계는 진정한 파트너 관계라고 할 수 없다. 쌍방이 모두 만족하는 'Win-Win'의 관계만이 진정한 파트너 관계라고 말할 수 있다.

셋째, 파트너십은 상대방에 의존하는 관계도 아니요, 상대방으로부터 전적으로 독립하는 관계도 아니다. 진정한 파트너십은 상호 의존하는 관계이다. 대부분의 관계는 의존적 관계에서 출발해 점차 독립하는 관계로 발전한다. 하지만 그곳에서 끝나게 되면 진정한 파트너십을 형성할 수 없다.

회사가 고객에 너무 의존 지향적이면 창조적인 아이디어가 도출될 수 없는 반면, 너무 독립적인 관계를 유지하면 상대방을 소홀히 여기는 실수를 범하기 쉽다. 그러므로 상호의존적 관계를 통해 진정한 파트너십을 형성해야 한다. 그리고 파트너십은 내 입장보다는 상대방의 입장에서 생각하는 마음을 가질 때 이루어진다. 특히 우리 회사와 고객 간의 의견 차이가 발생하면 고객 입장에서 왜 그렇게 되었는지 먼저 이해한 후에 해결책을 찾으려고 노력해야 한다.

경쟁자를 파트너로

긱섬은 자연산 송이버섯이 중요한 상품이다. 긱섬은 생 송이 버섯도 판매하지만 건조한 송이버섯도 판매한다. 그런데 건조한 송이버섯을 생산하기 위해서는 좋은 건조시설이 필요하다. 송이 버섯은 1년에 약 2개월 정도만 채집하는 계절적인 사업이다. 그 래서 송이버섯 사업만 해서는 큰돈이 들어가는 건조시설을 갖추 기 어렵다. 긱섬은 이 건조시설을 고사리 건조, 차가버섯 건조 등 긱섬의 중요한 사업 아이템 대부분에 사용한다. 그러니 이곳 원 주민 마을에서 건조한 송이버섯을 대량으로 매입하고 생산할 수 있는 회사는 긱섬이 유일하다. 그래서 대량 생산하지 못하는 경 쟁 업체가 생산량 이상의 건조한 송이버섯이 필요하면 긱섬에서 구입한다.

경쟁자가 언제나 경쟁자는 아니다. 이렇게 경쟁자가 파트너가 될 수 있다. 경쟁자와 파트너가 되기 위해서도 반드시 신뢰를 쌓 아야 한다. 그래서 최선을 다해 경쟁하면서도 지켜야 할 선을 넘 지 말아야 한다.

불필요한 고용의 문제

긱섬을 설립한 후 재정 담당 직원을 고용했다. 이전 회사에서는 각 부서를 담당하는 직원이 있었기에 당연하게 생각했다. 하지만 고용한 직원이 해야 할 일이 그리 많지 않았다. 한 달에 3일 정도면 처리할 수 있는 일 때문에 한 사람을 고용하는 것은 비효율적이었다. 그래서 직원을 내보내고 그 일을 내가 했다. 회사 초기에 현지인을 채용하기도 했다. 그런데 긱섬은 자연산 농산물을 매입하고 가공해서 판매하는 곳이기 때문에 1년에 4개월 집중해서 일하면 나머지 8개월은 그 직원이 특별히 할 일이 없었다. 그래서 일거리가 있는 기간에만 고용하고 그 외의 기간은 고용하지 않기로 했다.

긱섬을 설립한 후 2년이 지나니 투자한 초기 자본 20만 달러가 거의 소모되었다. 불필요한 일들을 너무 많이 했기 때문이었다. 그래서 나는 직원과 비용을 줄이고 거의 모든 일을 도맡아 했다. 지출이 줄어들고 수익이 조금씩 늘어나기 시작했다. 그렇게 해서 4년이 지나니 손익분기점을 지날 수 있었다. 회사 초기에 사장은 모든 일을 할 수 있어야 한다. 그리고 일거리가 많아져서 추가로 인력이 필요할 때 직원을 고용해야 한다. 일거리가 없는데 직원을 고용하면 필요하지 않은 일을 만들게 된다. 이것은 회사의 비효율성을 높이는 결과를 초래하게 된다. 그리고 이것은 훗날 부담으로 돌아온다.

많은 이들이 창업할 때 팀 창업을 고려한다. 각자 다른 분야를 담당하는 사람이 있어야 한다고 생각하기 때문이다. 하지만 현실은 기대와 다르다. 수익 창출은 더디고 지출은 빠르다. 상품을 생산하지도 않았는데 팔 생각부터 한다. 물론 자본이 충분하고 타이밍이 중요한 회사는 팀 창업이 바람직할 수 있다. 하지만 공동창업자 사이에 이견이 발생해 문제가 생기는 경우도 허다하다. 공동창업자 각자가 회사에 헌신하는 헌신도가 다르기에 문제가 생길 수밖에 없다. 그래서 나는 2-3년 일해 보기 전에는 상대방을 알 수 없다고 강조한다. 이렇게 창업 초기의 어려움을 경험하게 되면 고용에 대해서 신중해질 수밖에 없다.

불완전함이 기회로

완전한 제품이란 존재하지 않는다. 버그 없는 프로그램은 거의 존재하지 않는다. 특히 제품 개발 초기에는 더욱더 그렇다. 그러므로 상품이 완전할 때까지 기다리는 것은 어리석은 일이다. 불완전한 제품이 오히려 기회를 가져다준다. 만약 제품이 완벽하면 고객과 접촉할 기회가 사라진다. 그러나 제품에 문제가 생기면 고객과 접촉할 기회가 생긴다. 중요한 것은 문제를 어떻게 처리하는가에 달려있다. 발생한 문제를 진정성 있고 책임성 있게 처리하면 고객과의 관계를 형성할 수 있고 이것이 오히려 새로운 기회가 된다.

인수 합병

사업을 확장하는 방법의 하나는 회사를 인수 합병 하는 것이다. ISI는 3개의 회사를 인수 합병했다. 대부분 경쟁사를 합병한 것은 아니고 도움이 될 회사를 합병했다. 어떤 경우는 현금을 주고 인수했고 어떤 경우는 회사의 주식을 추가로 발행하여 인수하기도 했다. 전체적으로 보아 성공한 인수 합병이었다고 생각한다. 무엇보다도 중요한 것은 이러한 경험을 통하여 다른 가능성을 항상 열어두고 회사를 경영했다는 것이다.

회사를 경영하며 항상 기억해야 할 일은 한때의 경쟁자가 파트너가 될 수도 있다는 생각으로 공정하게 기업을 경영해야 한다는 것이다. 그래서 혹시 하나의 회사로 합병되어도 내부적으로 분리되는 일이 생기지 않도록 해야 한다.

엑시트

모든 일에는 시작이 있으면 끝이 있는 법이다. 그리고 끝은 끝이 아니라 또 다른 시작으로 연결된다. 내가 시작한 사업도 이와 같았다. 회사가 성장하게 되자 수없이 많은 투자회사로부터 연락이 왔다. 그러면서 나도 회사의 엑시트Exit, 회사 설립자가 사업을 현금화시키는 것에 관해 고민하지 않을 수 없었다.

엑시트에 관해 생각하게 된 첫 번째 이유는 사업에는 항상 불확실성이 존재하기 때문이다. 잘나가던 회사도 하루아침에 문을 닫을 수 있다. 회사 내적인 문제로 회사 문을 닫을 수도 있지만, 회사와 전혀 상관없는 외적인 상황 때문에 회사가 어려워질 수도 있다. 만약 그러한 상황을 맞이했을 경우, 나는 무슨 준비가 되어있는지에 대한 고민이 되었다. 그래서 최소한 지금까지 이루어 놓은 결과를 안정적으로 보장받고 싶었다. 또 다른 이유는 능력의 한계를 경험했기 때문이다. 한 사람이 창업해서 어느 정도의 규모로 기업을 키우기에는 적합했을지 모르지만, 다음 단계로 가기 위해서는 많은 도전이 기다리고 있었다.

회사가 200명을 넘고 내 나이 50이 되어가면서 나는 엑시트에 관해 고민하기 시작했다. 물론 회사 전체를 파는 엑시트보다 회사 지분의 어느 정도를 투자회사에 파는 부분적 엑시트를 고민했다. 그러나 아내는 엑시트에 부정적인 반응을 보였다. 한국인으로서 무언가 업적을 남기는 것이 중요한데, 돈만 챙기고 다른 사람은 생각하지 않는 무책임한 행동으로 보일 것을 염려했기 때문이었다. 나도 아내의 말처럼 엑시트가 무책임한 결정이 되지 않도록 조심스럽게 접근했다.

회사의 합병 시도

엑시트를 처음 고려한 것은 2005년 말이었다. 우리 회사와 경쟁사였던 회사와의 합병에 관한 논의가 시작되었다. 두 회사는 매출 규모가 비슷했고 각자의 독특한 장점이 있었다. 두 회사가 합병하면 경쟁에서 절대적인 우위를 점령하게 되는 상황이었다.

나는 매출액의 세 배를 평가받아 엑시트 하기를 원했다. 그 회사의 사장은 나에게 그만한 가치를 받는 데 전혀 문제가 없을 것이라고 했다. 그러나 막상 구체적인 조건에 들어가면서 문제가 생겼다. 제일 큰 문제는 투자자들에게 매출액의 세 배를 받을 수 없게 된 것이었다.

이보다 더 큰 문제가 있었다. 합병하려는 회사는 우리 회사와 같이 고속성장을 경험했지만, 그간 몇 차례에 걸쳐 다른 투자회사로부터 자금을 투자받았다. 그러니 외부의 자금에 의지하는 실정이었다. 반면 우리 회사는 외부의 투자 없이도 고속성장을 했기에 동등한 조건으로 가치를 인정받는 것은 문제가 있었다. 그래서 약 5개월 동안 계속된 두 회사의 합병 논의는 무산되었다. 물론 이 기회를 통해 비슷한 두 회사를 합병하는 것이 얼마나 어려운 것인지를 경험할 수 있었다.

첫 번째 합병 시도에 이어서 곧바로 두 번째 논의가 시작되었다. 2006년 2월, 두 회사와의 합병에 관심을 가졌던 투자회사가 합병보다는 우리 회사에 단독으로 투자하고 싶다고 했다. 물론 회사의 가치도 우리가 원한 금액을 인정해 준다는 조건이었다. 계약 조건이 요약된 의향서를 받을 때까지만 해도 일은 순조롭게 진행되었다. 그러나 세부적인 계약에 들어가면서 내 지식에 한계를 느꼈고 회사 합병을 전문으로 하는 법률회사의 조언을 구했다. 그리고 내가 이해하고 있는 것과 전문가가 해석하는 것에 하나의 큰 차이가 있음을 알게 되었다. 내가 생각한 것은 그들이 투자한 금액에 연 8%의 복리 이자를 합한 금액과 그들이 소유한 지분 중 하나를 선택하는 것이었는데, 그들은 이 두 가지를 모두 갖기를 원하는 것이었다. 나는 그들의 조건을 받아들일 수 없었다. 그리하여 두 번째 시도도 실패로 돌아갔다. 이번 시도를 통해 전문가의 견해가 얼마나 중요한가를 경험하게 되었다. 그리고 투자회사로부터 투자를 받는 순간 나는 자유로울 수 없다는 것도 깨달았다. 투자자는 나와 영원한 파트너가 되는 것이 아니라 리스크를 택하는 대신 어려움이 있을 때는 그들이 원하는 대로 움직일 수밖에 없다는 것이었다.

세 번째 시도는 2007년 말 우리 회사의 고객이 되기를 원하는 한 회사로부터의 제안이었다. 우리 회사 상품을 구매하는 것을 논의하던 중 클라이언트 회사의 고위 간부가 우리 회사를 모두 사고 싶다는 의사를 전해왔다. 고객에 관한 예의도 있고 해서 그 회사 회장의 우리 회사 방문이 이루어졌다. 그리고 그 만남에서 나는 1억 달러를 줄 생각이 없으면 거래를 할 의사가 없다고 말했다. 이는 2005년 우리가 5개년 계획을 수립할 때 2010년에 달성할 목표로 설정한 회사 가치였다. 그래서 만약 그만한 가치를 인정한다면 팔 수 있다고 생각했다. 한편으로 나는 쉽게 받아들이기 어려운 금액이라는 생각으로 제시했는데 의외로 내가 원한 금액을 줄 의사가 있다고 했다.

그 후 기업 판매에 대한 구체적인 협상이 진행되었다. 그런데 협상 진행 과정에서 인수금을 현금과 주식으로 나누어 주는 비율에 이견이 생겼다. 그들은 대주주인 내가 소유한 지분의 절반 정도를 현금으로 지급하고 나머지 지분과 다른 사람들의 지분은 모두 주식으로 지급하겠다고 했다. 나는 그 회사가 2년 후 주식 상장을 계획하고 있어서 위험 부담이 크다고 판단했다. 물론 내 개인적인 입장에서는 충분한 재산을 축적할 수 있는 절호의 기회였다.

이런 논의가 진행되던 중에 회사의 이익을 일반 직원들에게 나누어 주는 연말이 다가왔다. 그 해에도 다른 해와 비슷하게 이익의 약 40% 정도를 보너스로 지급했다. 몇몇 직원들로부터 푸짐한 보너스에 감사하는 이 메일을 받고 더욱 고민이 되었다. 만약 우리 회사가 다른 회사에 넘어가게 되면 지금까지 해오던 직원들을 위한 이익분배를 할 수 없음은 물론이고, 초창기부터 회사의 방침으로 해오던 이익금의 10%를 기부하는 것도 할 수 없게 되기 때문이었다. 결국 2008년 1월에 우리 회사를 인수하려는 회사의 회장과 만나 회사를 팔 의사가 없음을 분명히 전달했다. 그 과정을 통해 회사를 팔기 위해서는 명확한 목적과 이유가 있어야 한다는 것을 깨닫게 되었다. 지나간 이야기이지만 이 기회를 이용하였다면 개인적으로는 최대의 혜택을 볼 수 있었을 것이다.

회사의 분리 시도

그다음 시도는 회사가 재정적인 어려움을 경험하기 시작한 2008년 여름에 시작되었다. 2006년과 2007년의 급성장 후 회사는 급성장의 후유증을 앓고 있었다. 그러한 상황에서 우리와 같이 제약회사를 상대로 임상 시험과 관련한 컴퓨터 소프트웨어 솔루션을 판매하는 회사에서 우리 회사를 인수하고 싶다고 했다. 그 회사는 이미 상장된 회사였고 현금이 충분하여 우리 회사의 가치를 현금으로 지급할 수 있는 상황이었다. 우리 회사는 신약 신청과 관련된 솔루션을 가지고 있고, 그 회사는 임상 시험에 관련된 솔루션을 가지고 있기에 업무 영역을 확장하여 회사를 성장시키기 위해서는 전략적으로 바람직한 방법의 하나였다. 우리 회사도 재정적인 어려움에서 벗어나기 위해서는 바람직한 방법이라고 생각되었다. 그리고 우리 회사는 소프트웨어와 소프트웨어를 이용한 아웃소싱의 두 가지 사업을 하고 있었는데, 이 두 사업을 분리하여 소프트웨어 사업 분야는 팔고 아웃소싱 사업 분야는 계속하는 방법을 신중하게 고려하기 시작했다.

소프트웨어 사업 분야를 판매해 회사의 위기도 극복할 뿐 아니라 내 재정적인 안정도 확보하고 내가 원하는 자선사업도 할 수 있으리라 생각했다. 그러한 생각으로 상대 회사를 방문하여 우리 회사의 상황을 보고하고 그들이 원하는 정보를 제공했다. 모든 일이 순조롭게 진행되는 것 같았다. 그러던 중에 우리 회사를 판매하기를 원하면 그 업무를 대행해 주겠다고 하는 회사의 간부를 만나면서 미처 예측하지 못한 문제를 알게 되었다.

우리 회사가 소규모 회사로 모든 수입이 개인 수입으로 계산되고 이중과세가 없는 'S Corporation'이 아니라 'C Corporation'이기에 회사를 분리 판매할 경우 그 소득은 소유주에게로 가는 것이 아니라 회사로 돌아가게 되며 회사는 그 소득의 약 40%를 세금으로 내야 한다는 것이다. 물론 세금을 낸후 이익을 소유주들에게 분배하면 소유주는 수익의 최소한 20%를 추가로 세금으로 내야 하는 문제에 봉착하게 되었다. 즉, 회사를 분리 판매했을 경우 수익의 절반 이상을 세금으로 내야 한다는 것이었다. 그러나 만약 회사 전체를 판매했을 경우 회사에서는 세금을 내지 않고 개인 소득세만 내면 세금 문제는 해결되는 상황이었다. 나는 그러한 문제를 미리 알지 못했다. 나는 회사를 분리하여 판매했을 경우 내가 내야 할 세금을 추가로 내서라도 우리 회사를 살 계획이 있다면 회사를 분리하여 판매하고 그렇지 못할 경우는 판매하지 않겠다고 통보했다. 그리고 결과적으로 이 계획도 무산되었다. 물론 이와 같은 시도는 나 자신을 위한 시도였지만 동시에 직원들을 위한 고려도 있었다.

만약 처음 생각한 바와 같이 이 계획이 성공했으면 남게 되는 회사는 재정적으로 안정을 찾음은 물론 한 가지 사업에만 집중할 수 있는 장점이 있었고, 판매되는 분야에서 일하는 직원들도 더 큰 회사에서, 더욱 안정된 분위기에서 일할 수 있을 것으로 생각되었기 때문이었다. 그러나 이것도 내가 처음 원하던 방향으로 진행되지 않았다. 그리고 이번 사건을 통해서 회사를 매각할 때의 세금 문제에 관해 많은 지식을 습득할 수 있었다.

코스닥 상장 검토

나는 한때 회사를 한국의 주식 시장에 상장하려고 한 적이 있다. 딜로이트 한국 지사가 그 업무를 담당하기도 했다. 당시는 외국에 있는 유망 기업을 한국 주식 시장에 상장을 추진하던 시기였다. 나는 회사의 규모를 보아 미국보다는 한국의 주식 시장에 상장하는 것이 더 유리하다고 판단했었다. 미국의 주식 시장에 상장하면 매년 기본적으로 들어가는 비용이 한국보다 훨씬 많다는 것을 알았기 때문이다. 그러나 나는 그 계획도 포기했다. 가장 중요한 이유는 투자자들이 기대하는 만큼 돈을 벌어줄 자신이 없었기 때문이다. 투자자의 돈을 끌어들였을 때는 그들에게 돈을 벌어주어야 한다. 그렇게 할 자신이 없으면 투자를 받으면 안 된다. 많은 사람은 투자를 받으면 그 돈으로 어떻게 남의 돈 벌어줄 것에 집중하기 보다 그 돈을 어떻게 사용할 것인가에 집중한다. 그래서 그 투자 자금은 너무나 쉽고 빠르게 소비되고 만다.

경영한다는 것

전략적 인수

2010년 봄, 그로부터 몇 년 전에 우리 회사를 사고싶어하는 회사가 있었다. 그런데 그 회사가 대기업인 Computer Sciences Corporation에 흡수 통합되었다. 그리고 그 회사를 통합한 CSC에서 우리 회사를 사고 싶다는 의사를 보내왔다. CSC는 우리 회사의 기술력과 고객에 자신들의 기술력과 고객을 더하면 시너지 효과가 있다고 판단한 것이다. 처음 그 회사가 제안한 금액은 내가 생각하였던 금액과 큰 차이가 있었다. 물론 이 가격은 전략적 가치를 고려하지 않는다면 적당한 가격이었다. 그러나 나는 전략적인 가치를 고려하지 않은 상태에서 회사를 팔아야 할 필요는 없었다. 내가 그들이 처음 제안한 가격을 받아들일 수 없다고 하자, 그들은 처음 제시한 가격에 전략적인 가치를 추가한 가격을 제시했고 그 제안을 받아들였다.

그러나 그 과정은 그리 간단하지 않았다. 인수 합병이 완료되기까지 대략 6개월 정도로 예상했지만 9개월 이상이 걸렸다. 제일 큰 문제는 회사를 팔려고 한다는 소문이 회사 안팎으로 퍼지기 시작한 것이었다. 직원들이 동요하기 시작했다. 기간이 길어지면 길어질수록 나에게 고통의 시간이었다. 온갖 소문을 끌어

안고 9개월을 지내는 것은 마치 수십 년을 지내는 것보다 어려운 일이었다.

나는 수석 부사장을 사장으로 승진시키고 최고경영자의 업무만 담당했다. 회사가 합병됨과 동시에 회사의 업무에서 완전히 손을 떼기로 한 것이다. 처음에는 약 6개월에서 1년간은 뒤에서 도우려고 생각했다. 그러나 후임자를 선택하고 뒤에서 돕는다고 하는 것이 자칫 회사가 원하는 안정을 방해한다는 결론에 도달하였다. 그래서 합병과 동시에 떠나기로 했다. 그리고 그 합병의 업무 대부분을 새로 임명한 사장에게 맡겼다.

드디어 2010년 12월 23일, 18년 이상 경영한 ISI의 마지막 장을 내리게 되었다. 그리고 총 74명이 합병을 통한 혜택을 받았으며, 그중 6명은 백만장자의 명단에 들어가게 되었다. 그리고 회사 주식으로 인하여 조금의 혜택도 받지 못한 직원을 상대로 감사의 엽서와 특별 보너스를 지급하였다. 그것이 내가 직원들에게 할 수 있는 마지막 감사의 표시였다. 이렇게 창업과 경영과 성장과 엑시트까지가 모두 회사를 경영한다는 것이라고 생각한다. 그래서 새로운 창업을 준비하거나 이미 창업했거나 회사를 경영하는 분들에게 실질적인 도움이 되기를 바라는 마음이다.

경영한다는 것

기업가의 리더십

✳

　미국에서의 첫 직장에서 5년간 근무하며 내가 가진 기술에 대한 확신이 들었다. 때마침 내가 다녔던 대학원의 한국인 교수님께서 창업을 권유했다. 그렇게 1992년 8월 20일 뉴저지에 첫번째 회사를 창업했다. 나는 회사 경영에 대해 아는 것이 거의 없었다. 우리 집 2층 방이 사무실이고 직원은 나 혼자뿐인 1인 기업이었다. 창업을 준비하면서는 한국의 한 대기업으로부터 제법 큰 프로젝트를 수주할 수 있을 것으로 예상했다. 하지만 내 기대는 여지없이 무너졌고 새 출발은 첫발부터 내 뜻대로 되지 않았다. 하지만 실망보다 지난 경험을 바탕으로 새로운 기술 개발에 전력을 쏟았다. 친척분께 2만 달러를 빌려 개발 장비를 갖췄다. 이렇게 계획했던 일은 어긋나고 저축했던 돈이 바닥이 났을 때였다. 이전 회사로부터 연락이 왔다. 회사 시스템에 문제가 발생했는데 내 도움이 필요하다고 했다. 내가 문제를 해결하자 회사로 복귀하기를 권했다. 그러나 나는 내가 처음 세운 꿈을 포기할 수 없었다. 그 대신 회사와 컨설팅 계약을 맺었다. 회사에는 내가 받던 봉급을 기준으로 컨설팅 비용을 제안했고 회사도 동의했다. 한 달이 지난 후 나는 그 액수가 너무 많다는 생각이 들었다. 그래서 회사에 먼저 비용을 하향 조절해달라고 요청했다. 회사에서 먼저 요청도 없었는데 스스로 액수를 깎았으니 회사로서는 이상하다고 생각했을 것이다. 이렇게 한 행동이 누군가에게는 어리석게 보일지는 모르지만 나는 상대방의 약점을 이용하고 싶지 않았다.

첫 번째 위기

첫 회사를 창업하고 얼마 후 독일의 한 회사를 통해 DAMOS라는 단체의 프로그램을 개발해달라는 요청을 받았다. 이전 회사에서 프로그램을 개발해주기로 했는데, 다른 프로젝트 개발로 일정이 지연되다 보니 경험 있는 내게 요청한 것이다. 새로운 프로그램 개발을 위해 창업을 했기에 컨설팅 일을 그만두고 새 프로그램 개발에 들어갔다. 당장 자금이 필요했던 나는 개발한 상품의 소유권을 넘기는 조건으로 개발비를 선지급해 달라고 요청했다. 하지만 독일 회사는 위험 부담을 지려 하지 않았다. 프로젝트가 실패하면 투자비를 회수하지 못할 수도 있기 때문이었다. 그래서 프로그램 소유권은 내가 갖고 판매액의 절반을 우리 회사에 주는 조건으로 계약했다. 결과적으로 그 프로젝트를 통해 발생한 이익은 내가 선급으로 제안한 금액을 훨씬 넘었을 뿐만 아니라, 개발한 프로그램은 회사 발전의 초석이 되었다.

하지만 예상치 못한 문제가 발생했다. 전에 일하던 회사로부터 경고장을 받은 것이다. 내가 그 회사에 취업할 때 쓴 고용계약서 때문이었는데, 퇴직 이후 3년간 경쟁하지 않겠다는 조건을 문제 삼아 내가 개발한 DAMOS의 프로그램이 계약위반이라고 했다. 나는 상황 설명을 하려고 노력했지만 회사는 고소하겠다고만 했다. 회사를 찾아가 내가 개발한 프로그램을 보여주며 설명을 했고, 회사는 이 프로그램이 충분히 가치 있다는 것에 동의했다. 그리고는 내게 프로그램의 모든 소스 코드를 요구했고 이로 인해 발생한 이익의 30%를 나누어 주겠다고 했다.

너무나 일방적인 제안이었고 거절할 수밖에 없었다. 사태는

선한 창업가

법정 싸움으로 번졌다. 나도 변호사를 선임해 대응할 수밖에 없었다. 변호사는 3년간의 무경쟁 조건은 지나치며 보편적인 기준은 최대 2년 정도라고 했다. 내 경우는 1년 반 정도라 무조건 승소한다고 할 수 없다고 했다. 재판 날짜가 정해졌고 기도 외에는 다른 방도가 없었다. 그런데 재판 이틀 전에 옛 동료로부터 연락이 왔다. 소송을 한 회사가 여러 가지 문제로 폐업을 했다는 것이다. 당연히 내게 고소한 건도 자동으로 종결되었다.

법정 다툼이 종결되고 돌아보니 이와 관련해서 또 하나의 사건이 떠올랐다. 회사를 창업하고 뜻대로 되지 않아 고민하던 중이었다. 때마침 함께 근무하던 두 분이 내가 창업한 회사에 합류하기를 원했다. 두 분께 각각 1만 달러씩 투자하면 각자에게 25%의 회사 지분을 주겠다고 제안했다. 이 제안에 두 분 모두 동의했고 계약까지 마쳤다. 그런데 마침 그때 소송이 벌어진 것이다. 두 분 모두 소송에 연루되고 싶지 않다며 계약 해지를 요구했고 나는 투자받은 돈의 이자까지 계산해 돌려주었다.

회사를 창업하고 처음 직면한 위기였고 그 순간은 참 어렵고 힘들었지만 결국 회사를 지키고 유지하고 성장하는 밑거름이 되었다. 회사를 경영하다 보면 도저히 예상할 수 없는 일이 벌어진다. 하지만 위기는 위기로 그치지 않고 반드시 기회가 된다.

5년마다 찾아오는 축복

1999년 우리 회사는 5개년 장기 전략을 세웠다. 회사의 급성장 직후라 5년 후의 매출액과 이익률을 대단히 높게 세웠다. 그리고는 세부적인 전략 수립 없이 계획에 근거해 회사 자본을 지출했다. 그러나 이러한 야심찬 계획은 새 천 년이 시작한 지 한 달도 되지 않아 벽에 부딪혔다. 계획했던 매출 목표는 달성되지 않고 지출만 늘어났다. 5개월이 지나자 누적된 적자는 100만 달러에 이르렀다. 은행의 신용 대출이 한계치에 도달했다. 불과 5개월 전인 1999년 말에는 직원들에게 100만 달러의 보너스를 지급한 회사라고 믿기 어려운 최악의 상황이었다.

극약 처방을 내리지 않을 수 없었다. 냉철한 현실을 접하고 직원 10%를 감축해야 했다. 나를 포함한 회사 부사장의 지난해 봉급 인상분을 절반으로 삭감했다. 희생을 원하지 않는 영업 담당 부사장을 권고 해직했다. 모두가 희생을 감수하려고 하는데 자신은 손해 보지 않겠다는 사람과는 같이 일할 수 없었다. 직원 모두 한 마음으로 노력했고, 연말이 다 되어 회사는 점점 회복되어 갔다. 이 사건을 계기로 회사의 급성장에는 많은 위험이 뒤따른다는 걸 깨닫게 되었다. 또한 그동안의 급성장은 나의 힘과 능력으로 된 것이 아니라 하나님의 축복이었다는 고백도 하지 않을 수 없었다.

그때 나는 구약성경 신명기를 읽고 있었다. 신명기 8장을 읽으며 눈물이 쏟아졌다. 나는 미국에서 좋은 집을 지었고, 재산도 남부럽지 않게 늘어나 있었다. 당연히 내가 이룬 성공이 내 능력과 내 힘으로 된 것이라고 자부했다. 그런 나에게 하나님은 그것이 내 능력과 내 손의 힘으로 된 것이 아님을 알려주셨다. 이런 자만감을 멈추지 않으면 이스라엘처럼 멸망할 수 있다고 경고하셨다.

회사의 급성장 이유를 곰곰이 생각해 보았다. PDF 파일 포맷 때문이었다. 그 아이디어는 내가 낸 것이었나? 아니다. 나는 TIF 포맷으로 가기를 원했으나 고객의 요청에 PDF 파일 포맷을 선택했다. 급성장이 나를 착각하게 했고 어려움이 비로소 나를 바로 보게 했다. 인생에서 고난은 꼭 필요하다. 나 자신을 제대로 보게 해주기 때문이다. 만약 어려움 없이 계속해 잘 된다면 그것은 축복이 아니라 저주라는 것을 기억해야 한다. 사업을 시작한 이후 5년마다 어려움이 찾아왔다. 고난은 축복이었다.

연변이 아닌 천진

2004년 교회의 여름 단기 선교 때였다. 우리 교회가 지원하던 중국 연변의 한 고등학교를 방문했다. 두 주일 동안 조선족 학생들과 생활하면서 내가 지금까지 걸어온 길과 항상 함께하신 하나님을 간증했다.

중국 단기 선교를 계기로 중국에 회사의 지사를 설립할 것을 고려했다. 회사 간부들에게 이를 설명했다. 그리고 연변의 고등학교 교사 한 분과 사업하는 사업가를 초청해 그곳 현황을 소상히 들었다. 처음엔 다소 소극적이던 부사장들도 결국 2005년 3월 장소 물색을 위해 천진을 비롯한 중국 여러 도시를 방문했다. 우리는 연변 대신 천진에 지사를 세우기로 했다. 2005년 6월 1일에 우리는 중국 천진에서 15명의 현지인을 고용해 지사를 설립했다. 2006년 7월 중국 지사의 열매를 맺게 되었다. 100만 페이지 분량의 서류를 7주 이내에 끝내야 하는 사업을 낙찰받은 것이다. 낙찰받은 사업을 성공적으로 마쳤고 처음 15명의 직원으로 시작한 천진 지사는 3년 만에 200명 규모로 급성장했다. 내가 처음 계획한대로 일이 진행되지 않았지만 내가 계획한 것 이상 더 큰 일이 일어났다.

얼마나 교만했겠느냐?

세계적인 컨설팅 회사이며 회계법인이기도 한 '언스트앤영'에서는 해마다 비전, 리더십, 성취도, 도전정신 등을 고려해 기업인 상을 시상한다. 이 상은 위험을 감수하면서 열정으로 기업을 성장시킨 기업가에게 주는 상이다. 나는 2000년, 2005년, 2006년 세 차례에 걸쳐 뉴저지주에서 최종 후보가 됐지만 한 번도 수상을 못 했다. 2008년은 나의 네 번째 도전이었다. 그해 5월 최종 후보가 됐다는 소식을 접했다. 5월 16일 심사관들과 전화로 면담했다. 원래는 대면으로 면담해야 하는데 유럽 방문 일정 때문에 부득이하게 전화로 면담할 수밖에 없었다. 10여 분에 걸쳐 여러 질문을 받았는데 비즈니스 계획을 묻기도 했다. 나는 당시 사업에 어려움을 겪고 있었기에 분홍빛 전망을 말할 수 없었다.

그들에게 솔직한 심정을 전했다.

"우리 회사의 가장 큰 목표는 외형적 성장이 아닌 고객의 만족
입니다. 그렇게 만족한 고객을 가졌을 때 회사는 저절로 성장할
것이라 믿습니다."

시상식이 시작되었고 최종 선발자가 한 명씩 소개됐다. 그런
데 내 이름이 호명된 것이 아닌가. 그토록 바랐던 일이었지만 막
상 이름이 불리니 당황스럽고 믿기지 않았다. 더구나 영어로 수
상소감을 말해야 했기 때문에 더욱 긴장됐다. 앞으로 나가 수상
소감을 전했다.

"포기하지 마십시오. 이번이 저에겐 네 번째 도전이기 때문입
니다. 먼저 아내에게 감사를 드립니다. 그녀는 내가 처음 회사
를 시작했을 때 함께 모험을 택했습니다. 그리고 회사의 성공을
위해 개인 생활을 희생한 회사 간부들과 직원들에게 감사드립
니다. 그리고 마지막으로 좋은 시간만 주시지 않고 힘든 고난의
시간도 주신 하나님께 감사드립니다. 고난을 통해 지금의 성공

이 저 혼자 이룬 것이 아니라 하나님의 축복과 많은 회사 직원들의 노력으로 이룬 것임을 알았습니다. 그 어려움 가운데 회사를 더 좋은 회사로 성장시켜 주시기 위한 하나님의 숨은 목적이 있었음을 알았습니다. 봄의 환희를 위해서는 추운 겨울이 반드시 있어야 합니다. 감사합니다."

하나님은 왜 회사가 잘 될 때 상을 받게 하지 않으시고, 어려울 때 이 상을 받게 하신 것일까. 하나님은 내게 이렇게 말씀해 주시는 것만 같았다.

"잘 나갈 때 이 상을 받았다면 얼마나 교만했겠느냐."

수상한 다음 해 나는 심사위원으로 봉사할 기회를 얻었다. 그리고 한 가지 중요한 점을 발견했다. 이 상의 후보자 대부분이 나와 같은 이민 1세라는 사실이었다. 그리고 그 이유를 찾았다. 이민 1세에게는 선택할 여지가 별로 없기 때문이다. 그래서 하나를 선택하면 끝을 볼 때까지 집중한다는 것이다. 그들은 빈손으로 시작해서 잃어버릴 것도 없는 사람들이다. 가진 것이 많은 사람은 쉽게 도전하지 않는다. 그러나 잃어버릴 것이 없는 사람은 쉽게 결정을 할 수 있다.

회사를 살리는 리더

『논어』를 보면 공자가 한 제자에게 "임금으로서 나라를 다스릴 만한 재목"이라고 극찬하는 대목이 나온다. 천명을 받아야 왕위에 등극할 수 있다고 믿었던 시절이라 파격적인 발언이었다. 3천 명이나 되는 공자의 제자 중에 공자에게 이런 극찬을 받은 이는 '중궁'이었다. 공자는 임금이 될 만한 중궁의 자질로 "아랫사람을 부릴 때는 귀한 손님 대하듯" 하고 "자기의 노여움을 다른 사람에게 옮기지 않으며 타인에 대한 원한을 오래 가슴에 품지 않을뿐더러 남이 과거에 지은 죄는 마음에서 흘려버릴 줄 아는 성품"이라고 했다. "중궁은 말이 서툴지 않느냐"는 다른 제자들의 지적에 대해서는 "말재간을 어디에다 쓰겠냐"며 꾸중으로 그 입을 막아버렸다고 한다.

선현 창업가

누가 진정한 리더인가?

카리스마 기질이 강력한 리더는 회사의 장기적인 안목에서 볼 때 자산이 아니라 부채와 같다. 그 이유는 그가 회사를 떠나게 되면 회사는 큰 문제에 봉착하기 때문이다. 오히려 직원들을 섬기며 의견을 존중하는 리더가 회사에 자산이 된다. 이런 리더는 직원들이 협력하며 스스로 해결하도록 유도하기 때문에 회사를 위하는 진정한 리더십의 소유자인 것이다. 리더의 궁극적인 사명은 목표를 설정하고 달성하는 일이다. 이때 진정한 리더는 설정한 목표를 구성원을 통해 달성해 낸다. 만약 목표를 설정할 때 직원들의 의사가 반영되지 않는다면 직원들은 목표를 이루어 나갈 때 수동적일 수밖에 없다. 그러므로 리더는 구성원으로부터 의견을 끌어내어 체계적으로 정리한 후에 합의된 명확한 목표를 설정하고 함께 달성해 내야 한다.

완벽하지 않은 리더

시대의 변화에 따라 리더십의 정의도 변하고 있다. 계급 사회를 이루고 살았던 시대에는 상명하달의 수직적인 지도력이 통했다. 노예는 주인을 섬겼고, 신하는 왕의 명령에 복종했다. 그러나 평등이 강조되는 현대 사회에서는 수직적이고 일방적인 리더십은 힘을 잃었다. 아무리 단순한 일이라도 사람들은 설득과 존중과 이해 없이 상명하복식 지시에 복종하지 않는다. 어떤 조직의 구성원들이라고 해도 자기 의견이 존중받아 반영되기를 원한다.

그래서 현대의 리더는 완벽할 필요가 없다. 오히려 완벽함을 추구하는 것이 리더십의 가장 큰 걸림돌이 된다. 완벽을 추구하려고 실수나 실책을 인정하지 않고 변명하면 오히려 리더십에 걸림돌이 된다. 그러므로 좋은 리더는 잘못했을 때 솔직하게 자신의 잘못을 시인하고 사과할 수 있어야 한다. 진정으로 자신감 있는 리더는 남의 시선을 두려워하지 않기 때문에 자신의 잘못을 쉽게 시인하고 사과할 수 있다. 하지만 자신감 없는 리더는 사람들의 시선과 반응을 두려워하기 때문에 자신의 잘못을 인정하지 않고 변명하려 한다. 실수를 인정하는 것 자체가 실패이고 패배라고 여기기 때문이다.

좋은 리더는 자신의 의견이 틀렸을 때 빨리 인정하고 다른 이들의 의견이 옳았다고 할 수 있어야 한다. 비록 아랫사람이더라도 내가 틀렸고 당신이 맞았다는 말을 자연스럽게 할 수 있어야 한다. 심지어 리더는 조직을 위해 내 잘못이 아니어도 일을 원만히 처리하기 위해서 '미안하다'고 할 수 있어야 한다.

80% 룰

나는 '80% 룰'을 적용한다. 내 생각에 80% 정도 범위 안에만 들어오면 20% 더 충족해 보려고 하지 않고 상대방의 의견을 전적으로 받아들이고 지원하는 것이다. 특히 회사에서 직원들과 일할 때 효과적인 룰인데, 이견이 있음에도 리더가 자신들의 의견에 동의했기에 조금 더 주인 의식을 갖고 이견이 있는 20%에 대해 더 노력해 100%의 결과를 생산해 내기 때문이다. 그런데 나의 안을 100% 주장하면 직원들은 자신이 제안하지 않았기에 80%의 결과만 생산하게 된다. 결과적으로 조금 부족하게 느껴져도 직원들의 안을 받아들이는 것이 회사에 더 도움이 된다. 그래서 리더는 완벽할 필요가 없을 뿐 아니라 너무 완벽해서는 안 되는 것이다. 너무 완벽하면 조직이나 팀을 이루어 낼 수 없다.

레벨 5 리더십

컨설턴트이며 작가인 짐 콜린스는 화려한 경력으로 성공한 회사를 경영한 이들이 아닌 평범한 회사를 위대한 기업으로 일궈낸 경영인들을 5년에 걸쳐 집중적으로 연구했다. 이 회사들이 다른 유형의 회사와 차이점이 무엇인지 조명하여 『좋은 기업을 넘어 위대한 기업으로』라는 책을 출간했다. 이 책에서 가장 두드러진 내용은 "레벨 5 리더십"에 관한 것이다.

저자는 평범한 회사를 위대한 기업으로 성장시킨 리더의 공통된 특징을 발견하고 매우 놀랐다고 했다. 위대한 리더들의 상당수는 자기를 내세우지 않았고, 조용하고 말수가 적었으며 수줍음을 타는 사람들이었다. 대단히 겸손하면서도 한번 정한 목표는 이루고야 말겠다는 근성과 강한 의지를 갖고 있었다. 로마황제 시저와 같은 인물이었다기보다 철학자 소크라테스와 같은 유형의 사람이었다는 것이다.

이들을 레벨 5의 리더라 정의했는데, 자신의 성공보다 회사를 창업해 건강하게 성장시키기 위한 꿈을 키웠던 리더였다. 이들은 자신이 회사를 떠나게 될 때 후계자로 자신보다 더 나은 인물을 선택했다. 이는 레벨 4의 리더가 자신보다 열등한 사람을 경영자로 발탁하려는 것과는 대조적이다. 그뿐 아니라 레벨 4의 리더는 개인적인 욕망에 사로잡혀 궁극적으로는 회사를 사양길로

몰고 가는 사람들이라는 것이다.

짐 콜린스는 레벨 5 리더를 지속적이며 진보된 성과를 추구하기 위해 무엇이든 희생하는 외유내강형 인물로 정의한다. 이들은 성공의 원인을 자신이 아닌 다른 외적 요건으로 돌리며, 일이 잘못될 때는 자기 자신에게 책임을 돌리는 사람들이었다. 그러나 레벨 5의 유형과 거리가 먼 리더는 일이 잘되면 거울을 들여다보며 자아도취에 빠지고, 일을 그르치면 창밖을 보며 남에게 책임을 전가한다.

우리가 리더를 잘못 선택하는 가장 중요한 이유가 외적인 것에 치중해 레벨 5 리더를 외면한다는 것이다. 실제로 대부분의 레벨 5 리더는 회사에서 초년시절부터 고생하며 고락을 함께했던 사람들로 그 숫자는 외부영입 인사들보다 여섯 배나 많다고 한다. 좋은 리더가 되기 위해 노력해야 하는 만큼 좋은 리더를 바라볼 수 있는 안목도 필요하다.

섬기는 리더십

섬기는 리더십은 기독교에서 자주 인용되는 개념이다. 이 개념은 1970년대에 로버트 그린리프Robert Greenleaf 가 처음 소개했다. 이전의 리더십은 목표 달성과 성과 위주의 리더십으로 상명하복의 카리스마에 기반을 두고 있었다. 그러나 시대가 변하며 인간 중심의 경영이 요구되었으며 실제로 직원의 만족도가 향상되는 만큼 좋은 성과가 이어졌다.

나는 카리스마적인 리더십이 없었다. 회사 직원에게 제대로 화를 내지 못했다. 큰 소리를 낸 적도 없었다. 하지만 직원 500명의 대표였다. 짐 콜린스가 말한 레벨 5 리더십의 시대였기에 가능했을 것이다. 개인적으로는 그리스도인으로서 예수님께서 보여주신 '섬기는 리더십'을 실천하려 했기 때문이라고 생각한다. 회사를 창업하고 바로 위기를 경험하고 이후 5년마다 큰 위기를 경험하며 위기가 기회가 되고 축복이 되는 것을 경험하며 스스로 겸손해질 수밖에 없었기 때문이기도 하다. 교만해 지면 망한다는 경고의 말씀 때문이기도 하다. 이렇게 하나님 앞에서 예수님을 따라 섬기는 리더십을 배우고 실천했던 모든 것들이 직원들과 거래처와 고객의 마음을 움직여 지지를 받으며 회사를 경영할 수 있었다고 생각한다. 섬기는 리더십을 위해 회사를 경영하는 동안 실천했던 것들 몇 가지를 정리해 보았다.

선한 창업기

- 개인 비서가 없었다. 스스로 대부분의 일을 했다. 손님이 오면 직접 커피를 대접했다.
- 비행기의 비즈니스 클래스를 타지 않았다. 비즈니스 클래스를 타는 순간 다른 사람보다 우월하다고 생각할 수 있기 때문이었다. 지금도 비즈니스 클래스를 타지 않는다.
- 1년에 한 번씩 전직원 일대일 면담을 했다. 4월이 되면 하루에 4시간씩 한 달 동안 일대일 면담을 하며 직원들의 목소리를 듣고 문제를 해결해 주었다.
- 내 휴가를 사용해 골프를 쳤다. 회사의 업무 시간에는 절대 골프를 치지 않았다.
- 책상 위나 방 앞에 CEO라는 명패나 표시를 하지 않았다. 할 필요가 없었기 때문이다.
- 업무 중 사무실 문을 항상 열어두었다. 비밀스럽게 일을 하지 않기 위함이었다.

선교사의 창업

Business As Mission

✱

팬데믹 이후 한국과 미국의 한인 교회는 여러 가지 어려움에 직면한 것이 현실이다. 교회뿐 아니라 사회 전반적으로 경제적 어려움을 겪고 있다. 그래서 교회의 선교 헌금이 줄어들고 있다. 선교지는 선교 후원이 줄어들자 선교 활동에 심각한 문제를 겪고 있다. 현재 활동하는 선교사도 문제지만 은퇴한 선교사의 문제는 더 심각하다. 이런 이유로 많은 선교사가 비즈니스 선교 Business As Mission에 관심을 두게 되고 사업을 시작해 보지만 성공하는 경우는 매우 드물다. 나는 개인적으로 일반적인 선교사가 창업하는 것을 반대한다. 가장 큰 이유는 선교사가 시작한 비즈니스 대부분이 실패할 수밖에 없기 때문이다.

사고의 전환

여러 가지 측면에서 선교의 문이 막히기 시작하며 비즈니스 선교에 관한 관심이 높아졌다. 하지만 사고의 전환 없이 비즈니스를 통해 선교한다고 해도 지금의 결과는 변하지 않을 것이다. 나는 원주민 동네에서 사업하기 위해 약 6만 평의 땅이 있는 집을 샀다. 이 땅에는 엄청나게 다양하고 많은 나무가 있었다. 겨울에는 주위가 온통 크리스마스 트리로 장관을 이룬다. 한동안은 그저 보기 좋은 나무였다. 그런데 고사리와 송이버섯의 건조 시설을 운영하려면 땔감으로 사용할 많은 나무가 필요했다. 사업 초기 나는 제법 많은 돈을 들여 땔감을 구입했다. 그런데 우연한 기회에 나의 땅에 있는 나무를 베어서 사용하니 훌륭한 땔감이 되었다. 그리고 보니 주위에 그냥 서 있던 나무가 땔감으로 보이기 시작했다. 그리고 시간이 지나 목재 사업을 염두에 두고 보니 그 주위에 있던 나무가 목재로 보이기 시작했다. 목재 사업을 시작하기 전에는 목재로 엄청나게 가치 있는 향나무를 베어 땔감으로 사용했다. 내 땅 안에 있던 나무는 그전이나 지금이나 변하지 않았다. 같은 나무가 어느 순간 땔감으로 변하고 다시 목재로 변한 것은 내 관점이 변했기 때문이다. 이같이 선교를 보는 관점이 변해야 한다. 사고의 전환이 일어나면 엄청난 가능성이 보이기 시작한다.

선교사가 창업하고 회사를 경영하려면 제일 먼저 해야 할 일은 총체적인 선교를 이해하는 것이다. 총체적인 선교의 이해 없이 사업을 시작하면 실패할 확률이 높다. 총체적인 선교는 복음을 전하는 것을 넘어 인간의 전인적 필요를 충족시키며 이 땅에 하나님의 나라를 세우는 선교적 접근 방식을 말한다. 이는 영적인 변화뿐 아니라 사회적, 경제적, 문화적, 환경적 필요까지 포괄적으로 다룬다. 총체적 선교는 개인 구원에 초점을 맞추는 전통적인 선교를 넘어 삶의 모든 영역에서 하나님의 통치를 이루는 것을 목표로 한다. 이러한 총체적인 선교의 관점에서 보면 사업을 하는 것 자체가 선교임을 인정하는 것이다.

함께 걷는 길

비즈니스 선교에서 중요한 것은 선교하려는 '의도'까지 정직해야 한다는 것이다. 보편적으로 내가 선하다고 생각하면 진짜 의도를 숨기는 것도 선하다고 믿는다. 이 말은 이렇게 생각해 보면 더 분명하다. '복음을 전하는 것'과 '좋은 이웃이 되는 것' 사이에 어떤 질적인 차이가 있을까? 복음을 전하기 위해 좋은 이웃이 되어 주려고 노력하는 것과 좋은 이웃이 되어서 자연스레 복음이 전해지는 것 중에서 무엇이 더 선한 것일까? 비즈니스 선교를 한다면 이 질문에 진지하게 고민해 보아야 한다. 이는 사업가인 내가 사업이 우선이라고 선교를 폄훼하기 위해 주장하는 것은 결코 아니다. 오히려 탈 종교화 시대라고 여겨지는 우리 시대에 모든 종교가 고민하고 반성하는 지점이기도 하다. 2024년 가을, 가톨릭교회는 교회 전체가 중요한 결정을 내렸다. 이 결정이 곧 탈 종교화 시대에 가톨릭교회의 개혁 운동의 핵심이라는 지점이 대단히 인상적이어서 간단히 소개해 보려고 한다.

가톨릭교회의 개혁 운동을 '함께 걷는 길' 또는 '공의회'와 같은 의미의 시노달리타스Synodalitas라고 부르는데 교부나 주교들의 회의인 시노드Synode에서 기원한 용어라고 한다. 1965년 세계주교시노드가 상설 기구로 설립되었고, 1967년 1차 회의 이후 16차 세계주교시노드가 2021년 개막되어 2024년 말까지 진행되었다. 몇 년에 걸쳐 각 국가의 지역 교회에서 회의체를 구성해

선교사의 창업

교회 개혁과 혁신을 위해 '교회의 원천으로 돌아가는 것'과 '세상 안에서 교회가 새롭게 적응하는 것'에 관하여 논의를 했다. 그리고 각 나라의 교회마다 취합해 정리한 내용을 모아 이를 바티칸으로 보내 교황청에서 주교들이 이에 대한 내용으로 토론을 했다. 그리고 다시 정리한 내용을 지역 교회로 보내 다시 토론하고 취합하기를 반복해 3년에 걸쳐 최종 입장을 정리했다. 그 내용이 상당히 인상적이다.

시노달리타스 혁신에서 가장 중요한 것은 사명의 실행이고, 이것은 신자 숫자를 늘리는 것이 아니라 가난한 이들에 대한 우선적 관심과 사회적 우애를 실천하는 데 있다는 것이다. 이는 종교의 교리와 전통을 직접적으로 드러내는 것이 아니라 보편적이면서도 핵심적인 기독교의 가르침인 '이웃 사랑'을 교회 안팎으로 강화해 나가야 한다는 것이다.

가톨릭교회의 이런 변화를 개신교인 우리도 진지하게 고민해 보아야 한다고 생각한다. 이것이 복음을 전하지 않겠다는 말이 아니기 때문이다. 나는 선교사의 모자를 쓰지 않았다고 말해왔다. 돌 고르는 사람일 뿐이라고 말해왔다. 나와 같은 고민을 하며 선교지에서 좋은 이웃이 되어 주려 안락한 삶을 포기하고 헌신

하고 희생하는 분들이 있다. 그들은 스스로 무엇을 포기한 것일까? 오해와 손가락질을 받으면서도 그렇게 하는 이유는 무엇일까? 함께 걷는 길, 사회적 우애, 다섯 달란트 받은 사람이 남겨야 할 것, 면제년이 다가와도 궁핍한 형제를 외면하지 않는 것에 대한 고민이 아니었을까.

선교사가 창업에 실패하는 이유

현재 한국의 선교는 위기를 맞고 있다. 선교사들이 선교지에서 추방당한다. 이슬람 국가뿐 아니라 수많은 나라로부터 추방을 당하거나 경계의 대상이 되고 있다. 사람들은 선교의 박해라고 말한다. 그런데 나는 한국의 선교사를 추방하는 나라의 입장에서 이 문제를 생각해 보았다.

잘못된 동기

선교사가 사업을 한다는 명분으로 입국해 사업은 제대로 하지 않고 선교에 매진하는 것을 알았을 때 그 나라의 사람들은 어떤 감정이 들었을까? "그럴수도 있지!"일까? 아니면 "아! 속았다"일까? 그들이 속았다는 감정을 느끼기 시작했기 때문에 더 경계하며 선교사를 추방하지 않았을까?

우리 한번 입장 바꿔 생각해 보자. 무슬림 국가의 선교사가 한 국에 입국하면서 그들의 원래 목적인 선교를 숨기고 사업 비자를 받았다. 그런데 사업보다는 이슬람교 선교에 집중하는 것을 한국 정부가 발견하면 어떤 조치를 하게 될까? 당연히 추방하려고 하지 않겠는가? 어찌 보면 현재 선교의 문이 닫히는 이유는 그동안 선교사들이 해온 어떤 행동의 결과가 아니겠는가? 의도했건 아니건 선교사의 비정직성이 선교의 문을 닫고 있다는 사실을 직시한다면 선교의 문을 다시 여는 방법은 복잡한 일이 아니다. 동기부터 정직하면 된다.

집중하지 못하기 때문

창업에서 가장 중요한 것은 한 가지 일에만 집중하는 것이다. 창업 초기에는 평상시의 거의 두 배가 넘게 노력해야 한다. 그런데 선교사가 창업하면 대부분 선교와 창업을 다 하려고 해서 사업에 집중할 수 없는 경우가 많다. 이는 두 마리 토끼를 잡으려는 것과 다르지 않다. 사업에 집중하기 위해서는 적어도 창업한 회사가 안정 궤도에 들어가기 전까지는 사업에만 집중해야 한다.

사업에 제대로 집중하면 사업만 생각하게 된다. 자면서도 사업을 생각할 정도가 되어야 한다. 이는 시간을 얼마나 많이 쓰느냐보다 큰 의미다. 이후 사업이 안정 궤도에 들어서면 현지인에게 사업을 맡겨도 된다. 그러나 초기에 현지인에게 회사의 모든 일을 맡기는 것은 바람직하지 않다. 주인의식을 갖고 열심히 일할 수 있는 청년이 현지에서 사업을 할 목적으로 합류하는 것도 좋은 방법이다. 이 경우 이 청년에게는 일반적인 선교의 일을 시키지 말고 사업에 집중 할 수 있도록 도와야 한다.

사업에 대한 이해 부족

당연한 일이지만 선교사의 대부분은 사업에 대한 이해를 제대로 하지 못한다. 일반 사업체에는 기부금이라는 항목 자체가 없다. 자금이 투입되는 방식은 투자 아니면 대출이다. 투자는 소유권을 주어야 하고 대출은 이자를 더해 갚아야 할 돈이다.

사업이 성장하기 위해서는 성장을 위한 추가 자금이 필요하다. 추가로 자금이 들어오는 방식에는 투자 또는 대출이 보편적이다. 그러나 이익이 발생하면 이익금의 일부 또는 전부를 성장에 사용할 수 있다. 이익을 투자로 돌리는 것이다. 이렇게 하면 투자를 통한 회사의 지분이 나누어지는 것을 막을 수 있다. 회사의 초기에는 이익의 거의 전부를 재투자하는 것이 바람직하다. 비즈니스 선교로 창업한 회사가 정상 궤도로 들어간다고 하더라도 이익의 일부만 선교를 위해서 사용하는 것이 바람직하다. 회사를 경영하다 보면 돌발적인 사태가 발생하기 때문이다. 이를 위해 저축은 필수다.

이익금을 선교에 사용하는 비율과 회사의 지속성은 반비례한다. 회사 경영에 있어서 기부금의 비중이 높을수록 회사의 지속성은 줄어든다. 개인적으로 이익의 40% 이상을 선교에 사용하는 것을 반대한다. 이익이 발생하면 일정 부분을 회사를 소유한 사람에게 배당금의 형태로 지급해야 하고 그 이익을 내는 데 공헌한 회사 직원들에게 인센티브를 지급해야 한다. 그렇지 않으면 직원들은 열심히 일하지 않는다. 나는 긱섬을 설립할 때 이익의 50%를 현지인을 돕는 데 사용하겠다고 했지만 나중에 30%로 변경했다. 이익을 지나치게 기부하는 것이 직원들의 일하는 동기를 빼앗아 갈 수 있다고 생각했기 때문이다.

이렇게 사업을 하는데 투자금이나 대출이 아니라 기부금이나 후원금으로 회사를 운영하는 것, 회사가 정상 궤도에 오르기도 전부터 이익을 선교금으로 전환하려는 것, 직원들에게 헌신만 요구하는 것들은 사업에 대한 이해가 없다는 대표적인 사례다.

배움이 없기 때문

사업을 시작하면 누구나 실패를 경험한다. 그런데 실패를 극복하는 사람은 실패를 통해 배움을 얻게 되고 실패를 반복하지 않게 해준다. 그러나 실패를 해도 배움이 없는 사람들도 있다. 실패해도 아픔이 크지 않는 사람은 배움이 없다. 아픔이 있으면 배움은 있게 마련이다. 그렇다면 왜 실패해도 아픔이 없을까? 내 돈이 들어가지 않으면 실패해도 크게 아프지 않다. 다시 말하면 내 돈이 들어가는 아픔 없이 기부금으로 시작한 사업은 배움이 없으므로 실수를 반복하고 결국에는 실패하는 것이다.

그러므로 비즈니스 선교를 위한 창업이라도 최대한 많은 금액을 내가 저축한 돈으로 시작해야 한다. 그리고 기부금이 아닌 대출이나 투자를 통해서 필요한 자금을 조달해야 한다. 만약 자금이 부족하면 작게 시작하면 되고 자금이 없으면 시작하지 말아야 한다.

적정 가격을 산정하는 방법을 잘 모른다

가격을 정하는 방법에는 두가지가 있다. 하나는 원가 기반 Cost Based 방법이고 또 다른 방법은 가치 기반Value Based 방법이다. 원가 기반 방법은 상품을 생산하는 직접 및 간접 비용에 적정 이윤을 합하려 계산하는 방법이고, 가치 기반 방법은 고객이 상품으로부터 느끼는 가치를 기반으로 가격을 계산하는 방법이다. 가치 기반으로 가격을 책정할 경우 아주 독특한 상품이나 특수 기술을 이용하면 큰 이익이 날 수 있다.

대부분의 선교사가 이익을 내는 것보다 많은 혜택을 주는 것을 중요하게 여기기에 가치 기반의 가격 책정을 거의 사용하지 않는다. 고객이 충분한 가치를 느껴서 더 많은 돈을 지불 할 의사가 있어도 이것을 거부한다. 그것이 정직하다고 생각하기 때문이다. 이렇게 되면 더 이상의 기술 개발은 없게 된다. 제약회사가 가치에 기반을 두지 않고 원가 기반을 둔 가격책정 방법을 선택하면 연구 개발비 충당은 불가능하다.

또한 원가 기반으로 가격을 산출할 때 원가를 제대로 계산하지 않는 경우가 많다. 특히 자기 자신의 인건비를 제대로 넣지 않는다. 인건비를 넣어도 다른 회사를 경영하는 사람에 비하여 적게 책정한다. 이럴 경우 나중에 사장을 위임할 때 적당한 사람을 찾을 수 없게 된다. 물론 사업 초기에는 사장이 직원들보다 적은 임금을 가지고 갈 수 있지만 정상적인 상태에서는 적정 임금을 책정하는 것이 지속성을 위해서는 바람직하다.

　가치 기반 계산법은 특별한 기술이나 다른 회사가 쉽게 흉내 낼 수 없는 비밀이 있을 때 가능하다. 다른 회사가 쉽게 흉내 낼 수 있으면 원가 기반으로 가격을 책정하는 방법밖에 없다. 그런데 선교사가 시작한 많은 사업체의 경우 특별한 기술을 기반으로 하지 않기 때문에 원가 기반으로 가격을 정하게 된다. 그러니 경쟁력을 갖기 어렵다.

고용 창출이 최우선

　선교사의 경우 많은 경우 이익 창출 보다는 고용 창출에 집중하는 경우가 많다. 그래서 임금만 제대로 줄 수 있다면 많은 사람을 고용하려고 한다. 어찌 보면 선교가 목적인 선교사에게는 당연한 일인지도 모른다. 그런데 역설처럼 들릴지 모르지만 고용을 줄여서 고용을 창출할 수 있다. 회사가 업무를 더 효율적으로 처리하게 되면 고용이 줄어든다. 그리고 이 효율성으로 인하여 발생한 이익을 투자해 회사를 성장시키는 것이다. 회사가 성장하면 더 많은 인력이 필요하게 되고 궁극적으로 고용 창출을 할 수 있는 것이다.

이익에 근거하지 않고 고용 창출에만 집중하면 회사가 어려움에 직면하게 되고 회사는 경영을 중단할 수밖에 없다. 그러나 이익을 창출해 이것을 재투자하여 회사를 성장시켜 고용을 창출하면 이러한 문제가 발생하지 않는다. 이렇게 하려면 장기적인 안목이 필요하다. 그리하여 효율적으로 일을 처리해야 하고 불필요한 인력을 줄이는 노력이 선제 되어야 한다.

지나침

> "지나치게 의인이 되지 말며 지나치게 지혜자도 되지 말라 어찌하여 스스로 패망케 하겠느냐"(전도서 7:16)

솔직히 전도서의 이 말씀이 젊었을 때는 잘 이해되지 않았다. 그런데 원주민들과 10년 이상 지낸 후 이해가 되기 시작했다. 나는 이 말씀에서 '의인'이나 '지혜자'가 아닌 '지나치게'라는 단어가 눈에 들어왔다. 그래서 지나치게 도움을 주는 것이 패망과 매우 밀접한 관계가 있음을 깨닫게 되었다.

로버트 럽튼Robert D. Lupton은 그의 책 *Toxic Charity* 독이 있는 자선에서 자선의 해악성에 대해 언급한다. 좋은 의도로 돕는 것이 종종 효율적이지 않거나 심지어 해독을 끼치는 경우가 벌어진다는 것이다. 그동안 수많은 가난한 사람들을 지원했지만, 그들을 돕는 것보다 오히려 해악을 끼치고 있다는 것이다.

무엇이 문제일까? 저자는 가난한 사람들이 할 수 있는 것을 외면한 채 지원만 하면 그들을 무기력하게 만든다고 지적한다. 바로 이 지점이다. 가난한 사람들의 동기를 없애 버리고 의존도만 높였기 때문이다. 지난 50년 동안 1조 달러의 자선기금이 아프리카에 들어갔다. 하지만 50년 전과 비교해 상황은 훨씬 더 나빠졌다. 기독교적 동기에서 시작된 자선이 종종 가장 무책임한 자선으로 둔갑하곤 한다. 우리가 제공한 무료 급식과 무료 의복이 가난한 사람들의 자존감을 무너뜨리고 의존도만 높인 것이다. 그러한 행동에 대하여 중앙아메리카의 니카라과 공화국의 한 리더는 무책임한 자선에 대해 "우리를 거지로 만드는 것"이라고 했다. 이는 그들 스스로 할 수 있는 것을 무상으로 도와줬지만, 오히려 가장 친절하게 그들을 무너뜨렸다는 말이기도 하다. 우리의 좋은 의도가 이렇게 되는 이유는 우리의 자선을 받는 사람의 입장에서 심각하게 생각하지 않아서이다.

물론 모든 자선이 독이 되는 것은 아니다. 아주 긴급한 상황을 돕는 것은 절대적으로 필요하다. 문제는 긴급한 상황에서 장기적 개발 단계로 전환해야 할 때 여전히 긴급한 상태와 같은 지원을 지속하는 것이다. 어려운 사람을 도우려고 하는 동정심으로 인한 동기를 누가 비난하겠는가? 문제는 동기가 아니라 원치 않은 결과에 있다. 왜 이런 원치 않은 결과가 반복되는 것일까?

수많은 교회의 자선에 문제가 발생하는 것은 "독이 있는 자선"에 대한 이해가 부족한 선교사를 비롯한 교회 중직들의 잘못된 결정 때문이다. 선교사들은 교회의 후원으로 선교지의 어려운 이들에게 공짜 돈을 준다. 공짜에 익숙해지면 자립의 의지는 무너진다. 한 번 공짜로 도움을 받으면 스스로 일을 해결하려고 하기보다 다음 선교팀이 도와줄 때까지 기다린다. 그들은 부자 방문자들에게 웃으며 사진 찍어 주는 거지가 된다. 어떤 선교지 마을의 그 누구도 마찬가지다. 공짜로 할 수 있는 쉽고 편한 방법이 있는데, 돈을 빌려 교회나 도서관을 짓고 우물을 파려고 하겠는가? 선교사에게 말만 잘하면 거저 받을 수 있는데 고생해서 대출받고 이자 갚기 위해 일할 사람은 없다.

좋은 의도로 시작한 자선이 엉뚱한 방향으로 흘러 가더니 원치 않는 열매를 맺는다. 이는 받는 사람이 자립하지 못하게 하는 해악일 뿐만이 아니다. 주는 사람들에게도 깊은 상처를 남긴다. 돈과 필요를 주고 받는데 관계가 깨지는 이상한 일이 벌어진다. 과연 서로 신뢰 관계를 열매로 맺지 못하는 자선이 건강한 자선이라 할 수 있을까? 돈을 목적으로 맺어진 관계는 깊은 신뢰 관계로 이어지기 어렵다. 이는 다음과 같은 자연스러운 패턴으로 이어지기 때문이다. 첫 번째 자선으로 필요를 공급받으면 '감사'가 오고 간다. 두 번째 자선이 이어지면 '예상'의 관계가 된다. 세 번째 자선은 '기대'의 관계가 된다. 네 번째 자선은 '당연한 권리'를 요구하는 관계가 된다. 다섯 번째 자선은 '의존'의 관계가 된다.

남을 돕겠다는 이들 중에 상대방을 무능한 사람이나 바보로 취급하려는 이들은 없다. 내 자존감을 높이기 위해 남을 도와주려는 이들도 많지 않다. 그래서 자선은 일방적으로 주는 것이 되어서는 안 된다. 자선의 목적과 목표는 자립이어야 한다. 그렇지 않으면 상대방을 더욱 무기력하게 만들어 독이 되는 자선이 되고 만다.

구약성경에는 지나치게 도와주지 않는 좋은 방법을 말해주고 있다. 추수할 때 떨어진 이삭까지 줍지 말고 도움이 필요한 고아와 과부와 이방인을 위하여 남겨두라는 것이다. 곡식을 주는 것이 아니라 일할 기회를 주라는 것이다. 이런 행동을 통하여 스스로 자존감과 자립심을 키우라는 의도가 아닐까.

사업을 해서 궁핍한 형제를 도와야겠다는 마음을 갖는 것은 대단히 중요하다. 그런데 남을 돕는 것도 사업하는 일만큼 쉽지 않다. 내 만족으로 도우려 하지 말고 상대방을 위해 무엇이 가장 필요한 일인지 고민해야 한다. 하나님이 왜 나에게 돈을 주셨는지 잊지 말아야 한다.

냉철한 현실을 보지 못함

선교사의 또 다른 문제는 문제가 발생하였을 경우 냉철한 현실을 직시하지 않고 기도를 통해 문제를 해결하려고 하는 데에 있다. 문제는 자기 자신이 벌려놓고 책임은 하나님이 지라고 하는 것이나 마찬가지다. 하지만 시간이 지나고 돌아보며 지금 발생한 문제가 우연히 발생한 것이 아니라 나의 삶의 한 과정이고 이것 또한 의미가 있음을 깨달아야 한다. 그러면 문제가 발생하면 기도 뒤로 숨기 전에 문제가 왜 발생하였는지를 냉철한 눈으로 바라보게 된다. 기도하지 말라는 것이 아니라 기도하기 전에 내가 책임져야 할 냉철한 현실을 직시하라는 것이다.

비판적 상황화

우리는 성경의 수많은 구절 중에 문자 그대로 살지 않는 것들이 있다. 레위기 11장에는 수많은 부정한 짐승 목록과 함께 이를 먹지 말아야 한다고 규정한다. 그런데 우리는 레위기에서 부정한 짐승으로 규정한 돼지고기를 거리낌 없이 먹는다. 나에게 이 문제는 자신이 처한 문화와 상황에서 그 의미와 위치를 생각해 보고 성경 기준에 비추어 평가한다는 선교학자인 폴 히버트Paul Hebert의 비판적 상황화critical contextualization에 대한 고민이기도 하다.

나에게 약한 사람을 돕는 선행은 대단히 어려운 문제다. 캐나다에서 원주민들과 10년 넘게 살아가며 고민하는 가장 큰 일상의 문제이기 때문이다. 나는 성경 말씀을 실천하기 위해 원주민 마을에서 살아가겠다고 결심했다. 그래서 선한 의도로 선행을 실천했다. 하지만 나의 선행이 독이 되어 돌아오는 것을 수도 없이 경험했다. 하나님의 말씀대로 산다는 것이 도대체 어떻게 살아간다는 것인지 고민되지 않을 수 없었다.

예수님이 살아갔던 제국주의와 내가 살아가는 민주주의의 상황은 전혀 다르다. 나는 왕정 시대가 아닌 자본주의 시대를 살고 있다. 당연한 이야기지만 예수님은 로마 시대를 살아가는 이들에게 맞는 해법을 말씀하셨다. 레위기서는 그보다 더 오래전의 상황과 환경에 맞게 기록되었다. 심지어 우리 가족이 사는 미국과 캐나다 원주민 마을의 상황과 환경도 전혀 다르다. 그래서 예수님은 "구약은 이렇게 이야기하지만 나는 이렇게 이야기한다"라고 하신 것 아닐까? 그러니 '비판적 상황화'는 선교지뿐만 아니라 우리 시대를 살아가는 그리스도인들이 고민해야 할 지점이 아닌가 싶다. 그래서 나는 하나님의 뜻대로 살아가야 한다고 믿지만 제대로 하나님의 뜻을 따르기 위해서는 상황을 고려할 때에만 바른 적용이 가능하다고 생각한다.

선한 창업가

주의해야 할 일들

선교사가 좋은 의도로 시작한 사업이 실패하는 것도 문제이지만 성공했을 때도 여러 가지 문제가 발생할 수 있다. 어떤 경우는 성공하면 더 큰 문제가 발생하곤 한다. 이러한 문제는 선교를 목적으로 창업한 기업에서 발생한다.

소유권

선교사가 기부금으로 시작한 회사의 소유권은 명확하지 않은 경우가 많다. 하나님을 믿는 사람들 사이에 이러한 문제를 처음부터 말하는 것이 부담되기 때문이다. 특히 선교를 목적으로 회사를 설립할 경우는 더 어렵다. 그리고 기부하는 곳도 한 개인이 아니라 교회와 같은 단체이기에 복잡한 관계에 놓인다. 후원하는 교회나 단체도 소유권을 갖는 것 자체가 불분명하다.

소유권을 명확히 하는 것이 어렵다면 기부금을 대출로 전환하고 어떻게 이자를 적용할 것인가에 대해 구체적인 계약을 하면 된다. 이러한 소유권의 문제는 기부자가 아니라 기부금을 받는 선교사가 주체적으로 진행해 결정하는 것이 더 바람직하다.

그래야 나중에 발생할 문제를 예방할 수 있다. 만약 기부자가 단순 기부를 원할 경우 이것 또한 서류상으로 명확하게 밝혀 놓는 것이 좋다.

재정의 투명성

많은 선교사가 후원금을 여러 곳에서 받기에 수입과 지출을 보고하는 데 어려움이 있다. 그래서 기록이 제대로 되지 않을 가능성이 있다. 어쩌면 필요도 크게 느끼지 않을지도 모른다. 많은 후원자가 어렵게 사역하는 선교사를 힘들게 하고 싶지 않기 때문일 것이다.

그러나 사업이 진행되면 문제는 달라진다. 특히 회사의 소유권이 선교사 개인에게 있을 경우는 나중에 문제가 될 소지가 있다. 그러므로 회사를 경영하는 과정에서 일어나는 모든 재정은 기록되어야 한다. 가능하다면 회사는 개인과 별도로 은행 계좌가 있어야 하고 신용카드를 사용해야 한다. 회사는 선교사 개인에게 적정한 봉급을 지급해야 한다. 봉급은 개인이 사용하는 것이므로 증빙이 불필요하다. 이렇게 해서 재정의 투명성을 확보해야 하는데, 재정의 투명성이 의심받게 되면 사업의 신뢰는 한

신한 창업가

순간에 무너지기 때문이다.

바람직한 접근 방법

선교사가 시작하는 사업이 대부분 실패하는 것을 인정한다면 우리는 이러한 시도를 반복하는 것보다 새로운 방법을 모색해야 한다. 그것은 선교사와 창업가와 사업가가 함께 일하는 것이다. 선교지에서 창업하기 위해서는 사업에 집중할 수 있는 창업가가 필요하고, 자본과 경험이 있는 사업가가 필요하고 마지막으로 선교 현지 상황을 잘 알고 있는 선교사가 필요하다. 창업을 한 사람이 하는 것이 아니라 각자 가지고 있는 자원을 통해서 함께 하는 것이다.

창업가는 한 가지 일에는 집중 할 수 있지만 자본이 없고 경험도 부족하다. 선교사는 현지 상황은 잘 알고 있지만 사업에만 집중할 수 없다. 사업가는 자본과 경험은 있지만 리스크가 많은 선교지에 투자하는 것을 회피하는 경향이 있다. 그러나 서로 협력하면 각자의 장점을 활용해 총체적인 비즈니스 선교를 할 수 있다.

먼저 창업을 원하는 창업가는 약 1년 정도 비슷한 조건의 회사에 들어가 인턴으로 경험을 쌓는다. 이 과정을 통해 이 사람이 정말 창업가의 자질이 있는지를 점검한다. 창업가의 자질이 있다고 판단되면 선교지에서 소규모 창업을 시작한다. 이때 선교사는 이 창업가가 창업에만 집중하도록 도와준다. 절대로 일반적인 선교사 일을 시키지 않도록 한다. 그리고 이 창업가는 선교사라는 타이틀이 없는 것이 더 바람직하다. 선교사라는 모자를 쓰는 순간 가장 잘 할 수 있는 일을 잘하지 못하게 되기 때문이다. 그리고 이때 필요한 초기 자본은 투자 또는 대출의 형태로 사업가가 감당한다.

이런 방식의 비즈니스 선교 창업의 경우 초기의 회사 지분은 각자 투자한 가치에 의해 배당되어야 한다. 예를 들면 현지의 관계 가치를 제공하는 선교사가 20%, 창업가가 30%, 사업가가 50%의 지분을 소유할 수 있다. 그리고 사업이 안정되고 성장하면 사업가는 자기의 회사 지분을 단계적으로 창업가나 선교사에게 넘길 수 있다. 이때 지분을 넘기는 가격은 최소한 초기 투자 금액에 적정한 이자를 더한 가격이어야 한다. 그렇게 하기 위해서는 회사의 가치를 이양 시 정한 가치 이상이 되어야 한다. 이때 사업가의 목표는 총체적인 선교의 동역자로 재정적인 손해만 보지 않으면 충분하다. 이 사업 모델이 성공하게 되면 선교사는 은퇴 후의 문제를 해결할 수 있다. 성공적인 사업을 통하여 선교사 은퇴 후에도 할 일이 얼마든지 있기 때문이다. 이때 창업가는 사업을 정직하고 바르게 하는 것이 선교임을 인식하고 정직하고 공정하게 회사를 경영하고 현지인을 키워 현지인을 또 다른 기업인으로 만들어야 한다.

이렇게 여러 사람이 협업하기 위해서는 신뢰가 매우 중요하다. 그렇게 하기 위해서는 투명성이 보장되어야 하고 나중에 생길 수 있는 오해를 줄이기 위해 중요한 모든 일이 서류상으로 정리되어야 한다. 그렇게 하지 않으면 사업은 성공해도 선교에는 실패하는 결과를 초래할 것이기 때문이다.

여기에 언급한 창업가는 선교사의 자녀일 경우 그 성공 가능성이 훨씬 커진다. 선교사의 자녀는 이미 언어 문제를 비롯해 현지 적응력이 매우 강하다. 그리고 부모 선교사를 통해 돈의 필요를 절실히 느끼고 자라온 사람이라 돈에 대한 애착도 존재한다. 돈에 대한 애착은 사업의 원동력이 될 수 있다.

나가는 글

내 인생의 막바지에 들어서면서 수도 없이 읽었던 마태복음의 다섯 달란트 비유가 새롭게 다가왔다. 그리고 사업가로서 다섯 달란트 받은 종이라는 것에 대해 묵상하고 적용할 수 있었다. 이는 나에게는 상당한 의미였다. 하나님께서 캐나다 원주민 마을로 부르신 이유, 첫 번째 창업을 해서 18년간 회사를 경영하며 최선을 다해 일했던 것, 15년간 한국과 미국에서 직장 생활을 했던 것, 강원도 삼척에서 대학 진학을 포기하고 희망을 잃었을 때 하나님을 알고 새로운 삶을 살아가게 되었던 것까지 점처럼 있었던 일이 하나의 선으로 이어졌기 때문이었다.

기독교가 신뢰를 잃었다. 좋은 이웃이 되어 주지 못하고 있다.

믿고 신뢰할 만한 기독교 기업이 점점 사라지고 있다. 말과 행동이 같은 기독교인 직장 동료들을 찾아보기 어렵다. 그래서 나는 다섯 달란트 받은 기독교인 사업가들이 다섯 달란트 받은 하나님의 종으로서 살아갔으면 하는 마음으로 이 책을 썼다. 하나님이 나에게 주신 그 부담감을 이 책을 읽는 다섯 달란트 받은 이들이 동일하게 느꼈으면 한다. 아니 그 부담감으로 살아가길 소망한다. 그래서 다섯 달란트 받은 이들이 창업하고 기업을 경영하며 말과 행동이 같은 그리스도인, 정직한 그리스도인, 좋은 이웃이 되어 주는 그리스도인, 함께 일하고 싶은 그리스도인들이 되어 주길 소망한다.

나는 자신이 사업가로서 살아갈 사람도 아니고, 직장인으로 다섯 달란트 받은 사람도 아니라고 생각하는 분들을 설득하거나 강요하려고 이 책을 쓴 것은 아니다. 이 책을 처음 시작하며 썼던 것처럼 하나님이 각자에게 주신 달란트가 있기 때문이다. 다만 일하는 것이 즐겁고 가장 행복하고 퇴근이 기다려지지 않는 분들께 꼭 하고 싶은 말이 있어서 이 책을 쓴 것이다. 그러나 혹시 이 책을 읽으며 나는 사업가로서 다섯 달란트 받은 것은 아니지만 내 곁의 누군가 떠오른다면 그분을 이해하는 데 도움이 되지 않을까 싶다. 부디 남들과 다르게 이상하다고 손가락질하지 말고 다섯 달란트 받은 자로서 하나님이 원하시는 열매를 맺을 수 있도록 격려와 기도를 부탁한다.

누군가 이 책을 읽고 창업가로서 다섯 달란트 받았다고 생각하게 되고, 그래서 창업과 사업에 도움이 되었고, 기독교 기업의 가치가 기독교인을 위한 것만이 아니라고 생각되어, 이 책을 비기독교인 동료에게도 추천해 줄 수 있는 책이 될 수 있기를 소망해 본다.

선 한
창업가

초판 1쇄 발행 2025년 4월 26일

지은이 김진수
펴낸이 이재원

펴낸곳 선율
출판등록 2015년 2월 9일 제 2015-000003호
주소 경기도 구리시 동구릉로 148번길 15
전자우편 1005melody@naver.com
전화 070-4799-3024   팩스 0303-3442-3024
인쇄·제본 성광인쇄

ⓒ 김진수, 2025

ISBN 979-11-88887-26-2 03230

값 15,000원